O³⁸
7²
A

DE L

BIBLIOTHÈQUE CHRÉTIENNE
DE L'ADOLESCENCE ET DU JEUNE AGE

Publiée avec approbation

de Monseigneur l'Evêque de Limoges

KLÉBER

L'ÉGYPTE

SON HISTOIRE ET SES MERVEILLES

PAR

Mlle CLARA FILLEUL DE PÉTIGNY.

<table>
<tr><td>LIMOGES
F. F. ARDANT FRÈRES,
7, avenue du Midi.</td><td>PARIS
F. F. ARDANT FRÈRES,
quai du Marché-Neuf, 4.</td></tr>
</table>

INTRODUCTION.

Nous venions de visiter ces lieux sacrés, où la religion du Christ s'inaugura sur une croix, où le souffle des persécutions fit miraculeusement germer cette doctrine qui ne prêche que la clémence et le pardon des injures. Maintenant nous frappions aux portes de l'Egypte, et, sur les bords du Nil, nous allions, mus par d'autres sentiments, sonder les impénétrables mystères des premiers temps.

Je croyais encore voir les montagnes de la Ville Sainte, ces sommets rougeâtres qui semblent toujours refléter la vengeance du ciel..... Mon âme était inondée des sublimes tristesses de Sion. Mais la profonde solitude, la désolation qui enveloppent Jérusalem, élèvent la pensée et l'échauffent bien plus que les tableaux d'une nature féconde et variée.

Adieu, montagnes pierreuses et désolées ! Adieu, rochers dentelés, noircis, rougis par la foudre ! Adieu, lambeaux de gazon, vieux arbres échevelés, au-dessus desquels, à une hauteur prodigieuse, planent d'horribles oiseaux de proie ! Ravins desséchés, affreux précipices, adieu !

Salut, patrie de Sésostris ! Salut, terre où s'accomplirent tant d'autres prodiges ! Longtemps muette comme tes pyramides, tu ne braves plus, au milieu d'éternelles ténèbres, les interprétations des savants modernes. Un coin du voile mystérieux qui te cachait, est enfin soulevé. Champollion le jeune, en formant des alphabets comparés entre les lettres grecques, les signes démotiques et hiéroglyphiques, a brisé ton tombeau d'airain, et mis à découvert une partie de ton linceul impénétrable. Malheureusement la clé des hiéroglyphes n'est pas complète. Par exemple, la figure qui représente un tigre ne peut-elle pas tout à la fois signifier un tigre, animal ; un homme féroce, ou un individu dont le nom est Tigre ?

La langue des Egyptiens est perdue ; alors comment la traduire ? Si plusieurs passages des auteurs anciens offrent des sens opposés sous la plume de divers traducteurs, à plus forte raison il doit y avoir de l'obscurité dans l'interprétation des symboles d'une antiquité qui remonte aux premiers âges du monde. Parfois l'ingénieuse découverte de Champollion est une lumière qui pâlit ou s'éteint dans les détours du labyrinthe ; la pierre célèbre de Rosette était brisée. Les extraits de la chronologie de Manéthon, ce prêtre égyptien, vivant à Alexandrie sous le deuxième Ptolémée, souvent d'accord avec les monuments, même avec l'Ecriture sainte, le plus précieux des flambeaux, est souvent d'un faible secours. Les recherches et les observations de M. Letronne, possesseur d'une grande quantité d'inscriptions grecques rapportées par MM. Hyot et Gau, confirment les découvertes faites par M. Champollion, et s'accordent en tous points avec lui. On a la date certaine de l'érection de plusieurs parties des monuments égyptiens ; mais le silence des siècles est profond et ne peut manquer de le devenir encore davantage ; car un grand nombre de précieux débris, que naguère on pouvait admirer, disparaissent les uns après les autres : ces squelettes de temples, de palais fameux, servent maintenant de vastes carrières, où les modernes égyptiens viennent chercher des matériaux pour construire des manufactures et d'autres bâtiments publics.

L'ombre de Cambyse et celles des autres dévastateurs de l'Egypte doivent tressaillir de joie à la vue de ces nouveaux outrages qui semblent se multiplier dans le but honteux d'anéantir totalement les témoins mutilés de leur farouche barbarie.

1

Le Caire, situé dans une plaine sablonneuse, à 400 toises de la rive droite du Nil, à cinq lieues et demie du sommet du Delta, au pied des derniers mamelons du Mokattan, vers l'an 958 de Jésus-Christ, eut pour fondateur un général de Moyes, le premier des califes fatimites. La nouvelle ville fut nommée *El Kaherah* ou *El Gahera*, mot qui signifie *victorieuse*. Bien que cette ville, sans ses faubourgs, soit aussi grande que Paris, et qu'on ait évalué sa population jusqu'à deux millions, on n'y compte plus aujourd'hui qu'environ 300,000 âmes. Depuis le passage du cap de Bonne-Espérance et de l'Isthme de Suez, quoique déchue de son ancienne splendeur, elle est encore l'une des cités les plus commerçantes de l'univers, et sert d'entrepôt à l'Afrique intérieure, à l'Asie et même à l'Europe.

Après Constantinople, c'est la première ville de l'empire ottoman.

La ville principale, appelée au Grand-Caire, est placée entre le bourg de Boulac, qui lui sert de port au nord, et le vieux Caire qui lui rend le même service pour la navigation méridionale du Nil.

Le vieux Caire occupe l'emplacement sur lequel s'élevait la Babylone d'Egypte. Pendant qu'Amron assiégeait cette dernière ville, une colombe établit son nid sur sa tente. Touché de ce fait, qu'il regardait comme un présage céleste, le général arabe, partant pour s'emparer d'Alexandrie et ne voulant pas déranger la colombe, laissa la tente dressée : à son retour, il fonda en ce lieu même la nouvelle capitale de l'Egypte, qu'il appela *Misr-Fostat*. Ce mot, en arabe, signifie *tente*.

Mais les destinées de cette citée ne devaient pas être longtemps prospères. Vers l'an 1167, les croisés, conduits par Amaury, roi de Jérusalem, marchèrent sur Fostat. A leur approche, le gouverneur la brûla ; l'incendie dura cinquante jours ; les habitants se réfugièrent dans les campagnes voisines, et groupèrent leurs habitations autour de la ville d'*El-Kaherah*. Cette dernière métropole prit la place de l'ancienne, et dut son agrandissement définitif, ses fortifications et ses embellissements au grand Saladin.

Telle est l'origine du Caire, auquel les arabes donnent le nom de *Misr*, qu'ont porté en Orient les capitales successives de l'Egypte. Cette origine a encore donné lieu à la fable suivante :

Un calife ayant des sujets de mécontentement contre une reine d'Egypte, résolut de conquérir son royaume : persuadé que les maisons étaient d'indignes prisons pour les princes, il fit entourer de murs la plaine où campait son armée ; bientôt il s'éleva des bâtiments au milieu de cette nouvelle enceinte, lesquels, à force de se multiplier, formèrent enfin une ville qui reçut, comme je l'ai dit, le nom d'El-Kaherah.

Maintenant, voici la version de Macrisy :

La ville de Fostat, fondée par Amron, devint jusqu'au temps des Abbassides la résidence des émirs. Quand le dernier calife de la race d'Ommeyâle-Mérouan se sauva en Egypte, il y fut poursuivi par les troupes de son rival. Celles-ci campèrent hors de Fostat, dans un lieu où s'étaient réunies quelques tribus arabes. Les troupes victorieuses y bâtirent des maisons, et le nouveau quartier fut nommé *Al-Asker*. Des émirs, afin d'encourager les ouvriers, passèrent une partie de l'année au milieu des constructions nouvelles. Plusieurs édifices, parmi lesquels on distinguait une belle mosquée, un vaste hospice, s'élevèrent à la voix d'Ahmed-ben-Touloun, le fondateur de la dynastie des Toulonides. L'ancien palais des émirs lui paraissait trop étroit, il fit construire dans un nouveau quartier, nommé Kattaï, un château pour être sa résidence. Le fameux hippodrome n'en était pas éloigné. Bientôt ce quartier renferma plusieurs rues, dont chacune était habitée par des hommes de la même profession.

Après l'extinction des Toulonides, les nouveaux émirs retournèrent au palais d'Al-Asker ; mais ce quartier, même sous les princes fatimites, ne put reconquérir son importance et son ancienne splendeur. Les habitants de la nouvelle ville, à l'exception de la mosquée Al-Asker, avaient détruit ou renversé tous les édifices. Le règne de Mostanger acheva la ruine de ces quartiers jadis si populeux. Ils n'offrent plus aujourd'hui qu'une plaine sablonneuse et mêlée de décombres.

Djewar ou Dijiwer, après avoir conquis l'Egypte pour son maître Moaz-Ledinala, dédaignant Fostat et le château de Kattaï, voulut, pour recevoir le nouveau souverain, fonder une ville plus magnifique que la capitale des princes vaincus. Il eut recours aux astrologues pour fixer le choix de l'emplacement, et le jour où l'on commencerait les constructions. Les astrologues, après avoir consulté les astres, marqué l'emplacement et tracé l'enceinte de la nouvelle ville, entourèrent cette enceinte de pieux auxquels ils attachèrent une corde qui en faisait le tour; on suspendait des clochettes à la corde. Des ouvriers, munis de leurs instruments et des matériaux nécessaires, s'établirent sur toute la ligne.

Il avait été décidé que les astrologues, au moment où le lever du soleil serait observé, tireraient la corde, afin que les sonnettes, mises en mouvement, donnassent le signal de jeter les fondements. Mais une circonstance imprévue (ne riez pas, jeunes lecteurs) renversa ces précautions ridicules. Une corneille vint se percher sur la corde : les sonnettes aussitôt de retentir à qui mieux mieux ! De toutes parts les premières pierres furent posées, et, en moins de rien, les fondations commencées. La planète Heker ou Mars était à son apogée. Les astrologues prédirent que la nouvelle ville serait conquise par un guerrier venu de la Roumanie, parce que ce pays (l'empire ottoman) était sous la protection de cette planète. Sélim, empereur de Constantinople, réalisa, selon les Arabes, au bout de 560 ans, cette prétendue prédiction.

Les rues du Caire, sans pavés, sont sales, tristes, misérables, se replient sur elles-mêmes, se brisent, forment un labyrinthe en ziz-zag, et aboutissent à des impasses innombrables. Chacune de ces ramifications étant fermée par une porte, que les habitants ouvrent quand il leur plaît, il en résulte une grande difficulté pour connaître exactement l'intérieur de la *cité-dorée*, de la perle *de l'Arabie*, de cette merveille qui s'est assise non loin des ruines de Memphis, cette autre merveille des siècles magiques et fabuleux.

Les rues changent souvent de nom : parmi les plus importantes, il en est deux qui traversent la ville dans sa longueur ; cinq autres la coupent dans sa largeur ; des deux côtés, on voit des halles, des bazars, des khans, des boutiques, des hôtels, et sur les bazars, sur les halles, des maisons particulières.

On nomme *Khat* ou *Khitteh* une portion de terrain sur lequel une famille a eu le droit d'établir son habitation ; *Hareb* une île, ou réunion de plusieurs maisons. Dans ces deux sortes de rues, on ne voit point d'autres boutiques que celles d'un épicier ou d'un cafetier. Si l'une de ces rues est ouverte aux extrémités, on l'appelle *Derb*. Quelques-unes sont si étroites, que deux hommes ne pourraient y passer de front ; alors on les désigne sous le nom de *Zikah*. Il y a encore des espèces de ruelles ou passage d'une maison à une autre.

On remarque au Caire quatre places principales : au sud, celle de *Garameydan* et de *Roumeylch* ; vers le centre, *Birket-el-Fyl* ; au nord-ouest, l'*Esbekyeh*. Celle-ci est la plus grande.

Au Caire, selon l'usage, les bazars sont agités, tumultueux, encombrés, tandis que le reste de la ville est plongé dans un morne silence. Pour achever ce tableau, figurez-vous des maisons à deux ou trois étages, construites en terre et en briques mal cuites, terminées, pour la plupart, en terrasses, sans fenêtres sur la rue, ou grillées comme des prisons, avec des balcons qui, de distance en distance, se touchent et se réunissent en voûte, au point qu'en certains endroits, les rayons du soleil sont complétement interceptés. Sur les places publiques un spectacle révoltant a lieu : des esclaves de la Nubie et de l'Abyssinie s'y vendent à l'enchère.

Les almées du Caire ne sont pas, malgré les récits contraires, dignes d'une grande admiration.

Les gens riches ont chez eux des fontaines et des jets d'eau. Leurs appartements n'offrent, pour toute décoration, qu'un pavé de marbre ou de faïence en mosaïque, sur lequel on étend des nattes ou des matelas qu'on recouvre de tapis plus ou moins somptueux. Une estrade chargée de coussins règne autour des murailles : point d'autre dossier que cette estrade, point d'autres siéges que les nattes. Quelques versets du Koran, tracés sur les murs, en cachent la nudité et tiennent lieu de tentures.

Selon Macrisy, le grand marché du Caire, autrefois Casabeh, contenait environ deux mille boutiques. Aujourd'hui ce lieu est désert. Ce marché était situé hors de l'enceinte de la ville.

On compte quatorze portes principales au Caire. Selon quelques historiens, un sultan, après avoir repris possession de la capitale, d'où l'ennemi l'avait chassé, ne voulant point faire son entrée par aucune des portes existantes, ordonna de pratiquer une brèche, où, plus tard, on construisit *Bâb-el-Felouh*, c'est-à-dire la porte de la Brèche. *Bâb-el-Nasr*, porte du Secours, restaurée par l'un des califes fatimites, rappelle un triste événement ; le farouche Sélim y fit pendre le dernier sultan mameluck. Cette dernière porte et celle de la Victoire sont remarquables par leur architecture.

Les caravanserails, lieux saints, où nul ne peut enfreindre les lois de l'hospitalité, sont très-nombreux. Ils se composent, pour la plupart, de deux chambres, d'une galerie ouverte, d'une citerne et d'un abreuvoir. Destinés aux voyageurs, ils appartiennent, sans rétribution, au premier occupant.

Les mosquées du Caire sont très nombreuses. Plusieurs ressemblent à des forteresses, surtout celle d'Ashar, dont les dômes et les minarets sont d'une hauteur vraiment prodigieuse. Elle avait autrefois une espèce d'école où l'on enseignait la théologie, la jurisprudence, l'astronomie, l'histoire, la médecine et les mathématiques. On nourrissait, on logeait même les écoliers peu favorisés de la fortune. Plus tard, l'enseignement fut réduit aux premiers principes de la religion, à la lecture, à l'écriture et aux éléments de la langue arabe ; car ce serait une véritable profanation que de mal écrire ou de mal prononcer le Koran, dont l'arabe est extrêmement pur.

L'école publique de la Mosquée d'Askar n'est pas la seule qu'on puisse citer avec éloge. Protégés par les fatimites, tous les savants du Caire se réunissaient dans la *Maison de la Science*. Le calife Hakon-Béamrillah en fut le fondateur vers l'an 395 de l'hégire : il la dota d'une bibliothèque nombreuse, à laquelle il eut soin d'attacher des conservateurs instruits et largement rétribués. Le public y était admis tous les jours. Quelques années après, le même prince fit venir de l'Arabie et de la Syrie les professeurs les plus distingués qu'il combla de présents : il assigna en même temps de forts revenus à ce précieux établissement.

La Maison de la Science conserva sa réputation jusqu'à l'an 516. A cette époque, deux hommes, dont l'un était foulon, voulurent substituer d'autres doctrines à celles qui y étaient enseignées. Le nombre de leurs prosélytes augmentant chaque jour, tous deux furent mis en jugement. Le foulon, à l'entendre, était invulnérable et d'une nature divine. Pour lui donner un démenti formel, on le pendit. Après sa mort, ses disciples furent à peine désabusés. La Maison de la Science ayant été fermée, on en construisit une autre ; mais les fondateurs ayant été forcés de recevoir des présidents et des secrétaires désignés par le prince, cette seconde maison, à la chute des fatimites, eut le sort de la première.

Les chrétiens des diverses sectes ont environ trente églises ou chapelles ; les Juifs comptent dix synagogues.

Il y a treize cents okels, douze cents cafés, trois cents citernes et soixante-dix bains.

Outre un grand nombre d'écoles particulières, le Caire possède plusieurs édifices consacrés à l'enseignement.

Autrefois on renfermait les fous dans l'hospice général, qui est très vaste. S'il faut ajouter foi à certains rapports, les malades y manquaient de soins et de remèdes.

Le gouvernement retire un grand profit des abattoirs et des boucheries ; en effet, la tête et la peau de tous les animaux qu'on y tue, lui appartiennent.

On voit encore les arcades du grand aqueduc dont parle l'histoire ancienne

Les Greniers de Joseph consistent en sept cours carrées, dont les murs en brique sont élevés de quinze pieds. On y conserve le blé qui vient de la Haute-Egypte, pour la nourriture des soldats.

Le cimetière des Mamelucks, avec ses petits monuments de marbre blanc, semblables pour la plupart à des mosquées, est à l'Orient du Caire, au nord de la pointe de Mokattan. Il renferme le tombeau de Malek-Adel que la plume élégante de madame Cottin a rendu si populaire en France.

Il y a dans la ville quelques tombeaux des santons,

mais le plus grand nombre sont au dehors, dans le quartier qu'on nomme Karafa. Le peuple les a en grande vénération. La plus remarquable de toutes ces tombes est celle de Schafié, l'un des quatre interprètes du Koran. Un calife voulant posséder le corps de ce santon, chargea l'émir d'Egypte de lui envoyer ces précieux restes. L'émir, n'osant d'un côté désobéir à son maître, et de l'autre craignant un bouleversement populaire, se rendit sur les lieux avec dix mille soldats. A peine eut-on creusé la terre, qu'il en sortit une flamme surnaturelle qui rendit tous les ouvriers aveugles. Chacun fut convaincu que le ciel s'opposait à l'enlèvement du corps. Vingt mille témoins signèrent un procès-verbal qui fut envoyé au calife, qui s'en contenta. Telle est la version de Macrisy, version assez plaisante, mais que je suis loin de garantir.

On voit dans l'intérieur du Caire de très-beaux palais : ceux du vice-roi, d'Ibrahim-Pacha, d'Abbas-Pacha, du Defterdâr-Bey, et beaucoup d'autres.

La citadelle est située au sud, sur la dernière hauteur du Mokattan, et domine le Caire. On y arrive par deux rampes taillées dans le roc, dont l'une, au nord, conduit à la *Porte des Arabes* ; et l'autre à l'est, aboutit à celle qui est connue sous le nom de *Porte des Janissaires*. La citadelle fut presque entièrement ruinée, en 1824, par l'explosion d'un magasin à poudre creusé dans le roc. Tous les édifices qui s'y trouvaient furent abattus pour la plupart : depuis ils ont été reconstruits.

Cette forteresse est loin d'avoir de l'importance ; car elle est elle-même dominée par une hauteur sur laquelle on a placé un petit fort, qui pare en partie à l'inconvénient de sa situation.

Méhémet-Ali, en faisant aplanir le chemin étroit et

scabreux de la citadelle, a cru sans doute effacer les traces du sang dont ce chemin fut souillé le 1er mars 1811. Cette page de la vie du grand homme suffirait pour ternir toute une existence de gloire. En vain ses partisans ont essayé de pallier le massacre des Mamelucks en alléguant l'excuse froidement admise en politique... celle de la nécessité. Il est vrai qu'on entendit le vice-roi déclarer qu'il sacrifierait volontiers le tiers de ses possessions pour rallier à ses intérêts cette milice turbulente et qui tenait le gouvernement dans une inquiétude continuelle. Malgré l'heureuse issue de cette sanglante tragédie, les moyens employés ont laissé, dit-on, l'auteur du coup en proie aux plus amères réflexions. Il y a donc place pour le remords dans l'âme de tous les coupables. Au surplus, je vais copier textuellement un auteur moderne, dont le récit me semble dépouillé de toute exagération.

« Khalim-Bey commandait cette poignée de braves échappés aux désastres d'Héliopolis, lorsque le vice-roi remit à son fils Toussoun-Pacha, le commandement de l'armée de Semar. Des mamelucks devaient assister à la cérémonie de l'investiture. Au jour marqué, le cortége se rendait à la citadelle. La troupe de Khalim-Bey venait de franchir le seuil de la seconde porte, quand Méhémet-Ali donna froidement le signal de l'horrible carnage. Tous y périrent. Un seul, Achmet, dégagé de la foule, poussa son cheval de rocher en rocher, et s'élança d'un saut effrayant hors de la forteresse.

» L'homme et le cheval arrivèrent à terre sains et saufs ; le coursier, qui semblait avoir puisé des inspirations dans le péril, emporta son maître triomphant à travers les soldats immobiles et la foule émerveillée.

» Depuis ce temps, Achmet vit au désert. Les

Bédouins le connaissent ; il a trouvé une famille, et son cheval est devenu célèbre parmi les chevaux de la tribu. »

C'est dans la citadelle que se trouve le palais occupé par le pacha lorsqu'il vient au Caire. Il renferme le quartier des Janissaires, celui des Azaph, et doit être regardé comme l'une des merveilles de l'Egypte. Bâti sur le roc qui lui sert de fondement, il est entouré de murailles fort hautes et fort épaisses. Ce château et les aqueducs furent construits l'an 572 de l'hégire, par ordre de Salah-Eddin, fils d'Ayiaub. L'édifice est en pierre de taille, et l'on y compte trois cent vingt arcades. On voit encore au sommet de la montagne les ruines d'un pavillon nommé Kobbat-al-Kaica (pavillon du bel air) ; c'est l'ouvrage de l'un des successeurs de Mélic-Hadel-Seif-Eddin.

On remarque dans ce château une grande salle ouverte de tous côtés, et dont le dôme est supporté par douze colonnes de granit. Autrefois dans cette salle où Salab-Eddin rendait justice, et où le divan s'assemblait, une corde était attachée à la voûte ; les caschiefs qui, à la fin de l'année, ne pouvaient rendre compte des taxes de leurs provinces, étaient suspendus à cette corde, les mains liées au dos, et cruellement flagellés. Une seconde salle, n'ayant qu'une ouverture du côté nord, et dont la voûte reposait sur trente-quatre colonnes, sert aujourd'hui de passage ; on a même établi des boutiques tout autour ; c'est ce qu'on nomme le *divan de Joseph*. Aucun voyageur ne manque de visiter une espèce de terrasse qui faisatt partie de l'ancien appartement des pachas ; on dit que l'un d'entre eux y fut étranglé. Depuis ce tragique événement, les pachas logèrent dans une autre partie du château.

Le fameux puits qui porte le nom de Joseph fixa surtout mon attention. Je dois faire observer ici que Salah-Eddin s'appelait lui-même *Youssoub*, ou Joseph, et que ce prénom a causé la méprise des Cophtes et des Arabes qui attribuent au fils de Jacob des monuments qui n'ont existé que bien longtemps après sa mort. Ce puits, d'une forme carrée, est comme à double étage, et taillé dans le roc vif. Sa profondeur est de 280 pieds, et sa circonférence de 42 ; le fond est au niveau du Nil. L'escalier tournant a 220 marches, dont la descente est douce et presque imperceptible. Il vient d'une source qui est presque la seule qui se trouve dans le pays. Un manége à roues que deux bœufs font mouvoir, élève l'eau de la partie inférieure au niveau de la supérieure, d'où, par le même moyen, on la fait monter jusqu'à la hauteur du sol. Ce puits a été creusé pour parer au cas où l'aqueduc qui porte l'eau du Nil à la citadelle viendrait à être coupé. Elle contient d'ailleurs plusieurs citernes, dont une, entre autres, suffirait à la boisson de quelques milliers d'hommes pendant une année. Sur les belles ruines du palais de Saladin, le vice-roi a fait construire une mosquée. On trouve encore dans la citadelle un arsenal de construction, une fonderie de canons, une manufacture d'armes portatives, des ateliers où l'on fabrique tous les objets d'équipement pour la cavalerie et l'infanterie, une imprimerie ainsi qu'un hôtel des monnaies.

On a beaucoup construit de noris (*nahourah*), dans la campagne, pour l'irrigation des terres.

Strabon parle d'une machine pareille, qui, par le moyen de roues et poulies, faisait monter l'eau du Nil sur une colline très-élevée, avec cette différence qu'au lieu de bœufs ou de chevaux, c'étaient des esclaves, au nombre de cent cinquante qui mettaient les roues en mouvement.

En 1754, le Caire essuya un tremblement de terre qui renversa ou abîma les trois quarts de ses manufactures de tapis, etc. Plus de six mille habitants furent ensevelis sous les décombres.

Non loin du Nil, vis-à-vis de Fostat, entre Gizeh et les Pyramides, on voit les restes d'une chaussée et de plusieurs ponts qui en unissaient les différentes parties. Cette chaussée avait été faite pour la conduite des matériaux qui servirent à la construction de la citadelle.

Mourad-Bey, chef et le héros des Mamelucks. né en Circassie vers 1759, avait un palais à Gizeh. Ce musulman eut le double honneur de combattre les deux premiers hommes de guerre des temps modernes, Napoléon et Kléber. Mourad était un jeune Mameluck de la maison d'Aly-Bey, le premier qui, voulant secouer le joug de la Porte Ottomane, s'était efforcé d'établir l'autorité d'un seul despote sur les tyrannies concurrentes des vingt-quatre beys du pacha et des corps ottomans qui se disputaient l'administration de la malheureuse Egypte. Aly-Bey, après s'être débarrassé de tous ses rivaux, fut lui-même trahi par Abou-Dahah, son lieutenant; la trahison de Mourad assura la victoire à ce dernier, et fut la première cause de l'élévation du jeune Circassien qui, embusqué avec 6,000 Mamelucks dans les palmiers de Saillyls, y frappa d'un coup de sabre, au visage, Aly-Bey. A la vue de son bienfaiteur étendu sur le sable, le perfide Mameluck sentit la pointe du remords, et s'écria les larmes aux yeux : « Pardonne-moi ; oh ! pardonne-moi, mon maître, je ne t'avais pas reconnu ! » Aly fut transporté au Caire. Sa blessure n'était pas mortelle ; mais Abou-Dahah en fit empoisonner l'appareil. Mourad, selon ses criminels désirs hérita ne son harem et de ses biens. La mort de son patron et de celle d'Abou-Dahah, qui

eut lieu peu de temps après, laissèrent Mourad le plus
puissant de l'Egypte. Le seul rival qu'il pût avoir à re-
douter était Ibrahim-Bey ; obligés de lutter l'un et l'autre contre la politique de la Porte. Ils paraissaient en
bonne intelligence lors de l'arrivée des Français. A la
première nouvelle de cette invasion, Mourad-Bey n'avait
envoyé à la rencontre des soldats de la République qu'une
partie de la milice dont il était le chef suprême. Il se
rendit bientôt au Caire dans l'intention de se venger sur
les négociants français de l'agression de leurs compatriotes ; mais, cédant aux observations d'un Vénitien, nommé
Rosetti, il se contenta d'exiger de ces négociants quelques
milliers de piastres. La première rencontre entre les
Mamelucks et les Français eut lieu à Chebreis. L'échec
des premiers remplit Mourad de fureur : ce fier Circassien ne négligea aucun moyen de relever le courage de
ses soldats, et leur rappela qu'ils étaient regardés comme
la première cavalerie de l'univers.

Bientôt la bataille des Pyramides vint détruire les
dernières illusions de Mourad, qui vit tomber ses frères
et l'élite de son armée. Cependant les positions qu'il
avait prises étaient formidables, de l'aveu même de Napoléon. De soixante mille hommes, à peine deux mille
cinq cents cavaliers purent fuir avec lui. Encore ne dut-il
son salut qu'au dévouement sublime d'un bey qui, pour
lui ouvrir un passage, fit acculer les chevaux de quarante
Mamelucks contre les baïonnettes des grenadiers, et les
renversèrent sur ces derniers. Par cet acte de désespoir
et de courage, les fils de Mahomet ouvrirent le carré :
mais la brèche se refermant aussitôt, ils périrent jusqu'au
dernier.

Plusieurs acteurs de ce glorieux drame avouent que
le premier choc des Mamelucks contre les carrés fut si
terrible, que le courage des Français en fut ébranlé un

instant. Cette victoire à jamais mémorable les rendit maîtres du Caire.

A Aboukir, la flotte française, composée de quinze vaisseaux de ligne et de quatre frégates, fut abordée par l'escadre anglaise, et ne pût, malgré la plus belle défense, par suite des fautes nombreuses, éviter la plus terrible des catastrophes.

L'amiral Brueys, pendant ls combat, se tint sur la dunelle du vaisseau l'*Orient*, entouré de son état-major. Il fut blessé d'abord à la figure, et quelque temps après coupé presque en deux par un boulet de canon. On voulut l'enlever et le transporter au poste des blessés : mais il s'y opposa, en prononçant ces paroles mémorables : *Un amiral français doit mourir sur son banc de quart*. Un instant après, il expira.

A neuf heures du soir le feu prit à bord de l'*Orient*. Malgré les progrès rapides de l'incendie, ces débris de l'équipages ne cessèrent point de tirer. Enfin, il fallut abandonner le navire. Quelques-uns gagnèrent le rivage, mais le plus grand nombre périt dans les flots. Le capitaine du pavillon, Casa-Bianca, dangereusement blessé, mourut dans les bras de son jeune fils qui ne voulut point s'en séparer. L'*Orient* sauta. Jamais spectacle ne fut plus horrible que cette masse énorme dévorée par les flammes qui s'élançaient en gerbes immenses, et répandaient sur l'horizon une couleur rougeâtre. L'explosion fut terrible : de toutes parts tombaient avec fracas des canons, des boulets, des pièces de fer rouge, des tronçons de mâts et des cordages enflammés.

Ensuite le combat recommença entre l'arrièregarde de l'escadre française et de la flotte ennemie ; mais il ne dura pas longtemps. Le contre-amiral Villeneuve gagna le large avec deux vaisseaux seulement, le *Guillaume Tell*, le *Généreux* et deux frégates.

Après ce revers plus que désastreux, les habitants du Caire se révoltèrent. D'abord tous les Français qu'ils rencontrèrent furent massacrés, ainsi que ceux qu'ils soupçonnaient leur être dévoués. La maison du général fut ensuite mise au pillage, et les gens qui l'habitaient, tous égorgés. Heureusement que cet officier supérieur accompagnait l'état-major qui était allé visiter l'île de Boulac. Dans le même moment, une autre troupe de révoltés se porta sur la maison qu'occupait l'Institut. Les savants, les artistes et leur suite furent obligés de se barricader et de soutenir, pendant toute la journée, une espèce de blocus.

Le général Dupuy, commandant de la place, envoya quelques patrouilles qui devinrent bientôt insuffisantes pour dissiper les groupes nombreux qui se formaient à chaque instant; et les progrès de l'insurrection se montrant de plus en plus effrayants, il sortit de son hôtel, accompagné de son aide-de-camp, d'un négociant qui lui servait d'interprète, et suivi d'un piquet de dragons. Il ordonna en même temps à la trente-deuxième demi-brigade de prendre les armes, et de se tenir prête à marcher. Au premier choc, les assaillants reculèrent, mais la rue étant trop étroite pour permettre à la foule de s'écouler, le général, qui s'était ouvert un passage, fut bientôt entouré par les séditieux, et couvert de blessures dont il mourut peu d'instants après. Cette affreuse nouvelle se répandit bientôt dans la ville : le canon d'alarme se fit entendre. L'infanterie parcourut les principales rues, en faisant un feu vif et meurtrier sur les révoltés, qui se retranchèrent, au nombre de quinze mille, dans la grande mosquée d'Hosseni. D'un autre côté, les Arabes-Bédouins, prévenus sans doute de cet événement , s'étant approchés des murs de la ville , tâchaient d'y pénétrer pour prendre part au pillage.

Bonaparte, averti par des exprès et par le canon d'alarme, vint en toute hâte au Caire : il ne put y entrer que par la porte de Boulac. A la chute du jour, il établit plusieurs pièces d'artillerie dans les rues , et attendit que le soleil fût levé : car les Orientanx ont coutume de cesser les hostilités pendant la nuit.

Le lendemain, le combat recommença de part et d'autre avec une égale fureur. La fusillade et l'artillerie firent un carnage horrible : les portes de la mosquée , où les mutins s'étaient enfermés, furent enfoncées à coups de hache , et ceux qui s'y étaient retranchés, impitoyablement massacrés. Le général en chef , après plusieurs sommations infructueuses , usa d'un moyen qui réussit, mais dont les suites furent affreuses. Des batteries placées sur le mont Mokattan , et celles de la citadelle commencèrent à lancer des bombes , des boulets, des obus , pendant que des colonnes de grenadiers cernaient l'édifice. Ce qui rendait cette scène plus effrayante, c'est que , par un hasard extraordinaire , les roulements prolongés du tonnerre vinrent se mêler aux décharges incessantes de l'artillerie française.

Qu'on se figure la position de ces malheureux : la mosquée , à chaque instant , menaçait de les ensevelir sous ses décombres fumants. Frappés d'épouvante , ils implorèrent en vain la pitié de Bonaparte , qui leur répondit : *Vous avez refusé ma clémence quand je vous l'offrais ; l'heure de la vengeance est sonnée ; vous avez commencé, c'est à moi de finir.* Et le feu continua. Poussés par le désespoir, les révoltés voulurent s'ouvrir un passage, les armes à la main , mais la mort les environnait de toutes parts. Enfin , ayant perdu tout espoir , ils demandèrent miséricorde. Le général en chef ordonna qu'on les épargnât, et qu'on les reçût à quartier. Quatorze cheiks, ou gens de la lois, convaincus d'être les principaux auteurs de la révolte, furent condamnés à mort : huit parvinrent à s'y soustraire par la fuite.

Les Français, quoique maîtres de toute l'Egypte, n'en étaient pas moins inquiétés par Mourad-Bey et par les Arabes. L'audace des Mamelucks, à la nouvelle du débarquement des Turcs sur la plage d'Aboukir, devint encore plus grande. Deux cent vingt-cinq hommes, renfermés dans le fort de ce village, et commandés par le chef de bataillon Godard, malgré leur héroïque défense, ne purent résister à des forces plus que supérieures. Godard mourut les armes à la main, et le reste de la troupe eût peut-être été massacré, sans la généreuse intervention du commodore sir Sidney Smith, dont les vaisseaux faisaient partie de l'escadre ennemie. Bonaparte ayant rassemblé une partie de ses troupes, marcha contre l'armée turque. Mustapha-Pacha s'étant fortifié dans Aboukir, au lieu de voler à la rencontre des Français qui s'étaient repliée pour se concentrer, dit à Mourad-Bey : « Eh bien! ces Français, dont tu n'as pu soutenir la présence, je me montre, les voilà qui fuient devant moi ! » Ce dernier, vivement blessé, lui répondit avec une espèce de fureur : « Pacha, rends grâce au prophète qu'il convienne aux Français de se retirer ; car s'ils se retournaient, tu disparaîtrais devant eux comme la poussière devant l'aquilon ! »

Les Français attaquèrent les retranchements de l'orgueilleux Mustapha qui, dit-on, avait fait préparer une cage pour Bonaparte, et des chaînes pour ses intrépides soldats.

Le général Lannes se porta rapidement sur la première ligne ; en même temps Murat, à la tête de quelques régiments de cavalerie, s'écria : *Si jamais ennemis doivent être écrasés par ma cavalerie, ce sera aujourd'hui!* Et il chargea vigoureusement les Turcs, qui furent bientôt, au nombre de deux mille, enveloppés, culbutés, tués ou précipités dans la mer. L'action devint alors plus terrible : Mustapha remplaçait par des troupes fraîches celles qui succombaient, de sorte que les Français avaient à combattre un ennemi sans cesse renaissant. Mais leur bravoure, les savantes combinaisons du général, que secondaient d'habiles lieutenants, surmontèrent tous les obstacles. Aussi s'avancèrent-ils au pas de charge, la baïonnette en avant, sur les redoutes. Les Turcs tâchèrent, mains en vain, de forcer cette muraille d'airain ; ils y trouvèrent la mort. Cependant l'artillerie força les Français à se replier. Ce mouvement rétrograde leur procura la victoire.

En Orient, on paie à chaque soldat autant de têtes qu'il en peut apporter au quartier-général. Les Osmanlis n'y manquèrent pas en cette occasion, de sorte que la confusion se mit dans tous leurs rangs. L'adjudant-général Roise s'en aperçut le premier, et fit la proposition à Murat de s'élancer sur la redoute, pendant que les Turcs ne pensaient qu'à leur horrible récolte. La cavalerie se portant aussitôt entre les retranchements et la mer, plaça l'ennemi entre deux feux. Le général en chef fit alors avancer plusieurs colonnes sur la gauche des Turcs : ces malheureux, effrayés de ces diverses attaques, commencèrent à perdre la tête. Ils essayèrent vainement de se défendre, car poussés et acculés entre la mer et la cavalerie, celle-ci en fit un affreux carnage.

Le village tenait encore : Mustapha-Pacha continuait à s'y défendre à la tête de sa garde ; mais le général Murat lui ayant coupé toute retraite, il fallut qu'il se décidât à se rendre. Ce musulman lui tira un coup de pistolet qui l'atteignit au-dessous de la mâchoire, sans cependant lui faire une blessure dangereuse ; Murat, d'un revers de son sabre, lui abattit deux doigts de la main droite, et le remit à ceux qui le suivaient.

Plus de cinq mille Turcs s'étaient enfermés dans le fort d'Aboukir. Ils y éprouvèrent toutes les horreurs d'un siége. Quand ils se rendirent, deux mille d'entre eux avaient péri par la famine, et le reste n'avait plus la force de porter les armes.

Cette importante victoire fut une glorieuse consolation de la défaite que la marine française avait essuyée dans les mêmes parages.

Avant de revenir en France, Bonaparte confia le commandement suprême au général Kléber, les Français se trouvaient dans une position extrêmement fâcheuse. Loin de leur mère-patrie, au milieu d'un peuple féroce et fanatique, fatigués de combats qui se renouvelaient chaque jour, ils voyaient leurs forces diminuer à mesure que celles de leurs ennemis augmentaient. Une convention fut donc conclue, le 24 janvier 1800, entre les envoyés du général français et les chefs d'une armée turque. Les Anglais s'y opposèrent. Kléber, plein d'une juste indignation, fit imprimer une lettre de l'amiral Keith, et n'y ajouta que cette phrase éloquente : « *Soldats, on ne répond à cette insolence que par des victoires ; préparez-vous à combattre.* »

Le 20 mars, au matin, la bataille s'engagea ; les Français, après s'être avancés au pas de charge sous les boulets et la mitraille des ennemis, emportèrent le village de Matarichet, et firent un affreux carnage des janissaires qui le défendaient. Les Turcs, après que les Français eurent repris leur premier ordre, se précipitèrent avec furie sur un des carrés qui les culbuta et les mit en fuite. Leur cavalerie n'eut pas plus de succès. Le visir, effrayé, gagna son camp, situé à El-Kanka, d'où il envoya un interprète offrir à l'intrépide Kléber une suspension d'armes, avec promesse d'exécuter la convention : « Je porterai moi-même la réponse, s'écria fièrement le général en chef. » En effet, l'armée, aussitôt après le coucher du soleil, entrait dans El-Kanka.

Le lendemain, les Français se dirigèrent sur Belbéis, où s'était retirée l'arrière-garde de l'ennemi, qui n'eut que le temps de prendre la fuite. Les Turcs, qui s'étaient renfermés dans un fort, soutinrent l'attaque pendant le reste du jour, mais ils furent obligés de se rendre à discrétion. Le lendemain, Kléber poursuivit les ennemis jusqu'à Salahieh, où il s'attendait à les trouver ralliés. Les habitants, au contraire, lui apprirent que le visir s'était jeté dans le désert, abandonnant précipitamment son camp, son artillerie et ses bagages, qui tombèrent au pouvoir du vainqueur.

Jamais victoire ne fut plus complète et plus glorieuse. Dix-huit mille hommes taillèrent en pièces quatre-vingt mille Turcs, et rendirent encore les Français maîtres absolus de l'Égypte. Mais, au moment où se livrait la célèbre bataille d'Héliopolis, les habitants du Caire formèrent des rassemblements nombreux, et se ruèrent contre un fort situé près de Boulac, d'où ils furent repoussés par la mitraille.

Nassif-Pacha, ayant faussement annoncé la défaite des Français, la multitude rentra dans le Caire, massacra les Francs, dont elle incendia les maisons. Ensuite, Nassif-Pacha se dirigea vers la maison de Mohamed-Bey, où une partie de la garnison s'était retranchée. Ces deux cents braves forcèrent le pacha à évacuer la place d'Esbekich, et à se réfugier dans les maisons voisines.

Pendant ce temps, la population poursuivait le cours de ses atrocités. Excitée par les Mamelucks et par les

Osmanlis, elle se baigna dans le sang des Français.
Sans le secours du général Lagrange, nos soldats eussent
peut-être succombé, faute de munitions. D'abord, sa
colonne battit un corps de troupes qui voulait en arrêter la marche. La nouvelle de la victoire d'Héliopolis,
et l'arrivée d'un autre renfort, ranimèrent le courage
des Français, qui pressèrent vivement les révoltés. De
leur côté, la citadelle et les forts tonnaient sur la ville,
dont plusieurs quartiers furent livrés aux flammes par
le général Lagrange.

Sur ces entrefaites, Kléber arriva. Ayant vainement
essayé d'apaiser la révolte par la persuasion, il attaqua
Boulac et réduisit bientôt ses aveugles défenseurs à venir implorer sa clémence.

La révolte était encore maîtresse du Caire. Après une
lutte sanglante, Nassif-Pacha battit en retraite, et fit
offrir au général en chef des conditions tellement dé-
placées, que Mourad-Bey n'osa point les communiquer
lui-même au vainqueur d'Héliopolis. Ce dernier, après
avoir écouté les deux parlementaires de l'ennemi, les
conduisit dans un appartement d'où ils pouvaient aper-
cevoir les ruines fumantes de plusieurs quartiers de
Boulac et du Caire, en leur faisant comprendre que toute
résistance était impossible. En effet, les révoltés se sou-
mirent. Cette dernière victoire assura de nouveau la
possession de l'Egypte à ses conquérants.

Le 14 juin 1800, Kléber, après avoir passé en revue
une légion grecque qu'il avait formée, retournait à son
palais, et traversait une terrasse couverte par un berceau
de vigne, suivi seulement de l'architecte Potein. Soudain, un jeune fanatique, nommé Soleyman, s'approche
du héros que les Turcs savaient ne pouvoir soumettre,
et lui plonge un poignard dans le sein. Kléber expire
aussitôt, mais l'assassin est arrêté. Un cruel supplice lui

fit expier son audacieux forfait. Plusieurs de ses complices ne purent se soustraire à une juste vengeance.

Après la mort de Kléber, le général Menou prit le commandement de l'armée qui se signala, au mois de mars de l'année suivante, par une bataille gagnée près du village de Rhamanié contre les Anglais. Cependant, quelques temps après, Menou signa à Alexandrie une capitulation qui est encore l'objet des jugements les plus contradictoires.

Ainsi se termina, en 1801, cette fameuse expéditon qui remplit l'Orient de la terreur des armes françaises, et servit à accroître le trésor de nos connaissances dans l'histoire et dans les antiquités.

A son retour en France, Menou fut nommé gouverneur général du Piémont, puis envoyé, en la même qualité, à Venise, où il mourut le 13 août 1810.

II

En face du Caire, autrefois, s'élevait pompeusement
Memphis. Cette ville célèbre rappelle la conquête qu'en
fit Cambyse, sous le règne de Psammenitus, fils d'Amasis, qui refusa de payer le tribu auquel Cyrus avait soumis l'Egypte, l'an 525 avant Jésus-Christ. Lorsque les
deux armées étaient en présence, les Ioniens et les Ca-
riens qui faisaient partie de celle des Egyptiens, indignés
de la trahison de Panès, leur général, qui, sous le règne
d'Amasis, avait passé au service de Cambyse, et l'avai
déterminé à faire cette guerre, égorgèrent les enfants du

L'Egypte.   3

traître, et burent, en sa présence, le sang de ces inno-
centes créatures. Cette atrocité excita la fureur des Perses : le combat fut terrible. Les Egyptiens vaincu se réfugièrent à Memphis, où ils violèrent le droit des gens.
Cambyse leur envoya un héraut qu'ils massacrèrent.
Après ce nouvel acte de barbarie, la ville fut prise d'assaut, et Psammenitus fait prisonnier. Cambyse le fit
placer dans un endroit d'où il put voir sa fille, vêtue en
esclave, allant puiser de l'eau : elle était suivie de ses
jeunes compagnes qui remplissaient l'air de leurs cris
déchirants. Venaient ensuite les jeunes seigneurs de la
cour, ayant un mors dans la bouche, et un licol autour
du cou. On les conduisait pour être immolés aux mânes
du héraut persan. Psammenitus tourna la tête et baissa
les yeux, sans donner aucun signe de douleur. Mais,
apercevant son favori qui, couvert de haillons, allait de
porte en porte demander l'aumône, il versa d'abondantes
larmes, en se frappant la poitrine. Cambyse, informé de
cette étrange conduite, lui en fit demander la raison. Il
répondit : *Les calamités qui accablent ma famille sont
trop grandes pour être déplorées par des marques extérieures
d'affliction ; mais la vue d'un ami réduit à la misère me
laisse la liberté de réfléchir, et me permet de pleurer.* Ces
paroles touchèrent le roi vainqueur, qui ordonna, mais
trop tard, d'épargner le fils du soi d'Egypte. Rendu à la
liberté, ce malheureux prince manifesta le désir de se
venger ; alors il fut condamné à boire du sang, et mourut. Depuis cette époque, la splendeur et la prospérité
de l'Egypte furent anéanties. Les prêtres ayant été massacrés, le bœuf Apis égorgé de la main même de Cambyse,
ce merveilleux pays eut à supporter toutes les humiliations
d'un dur esclavage.

Les Egyptiens tentèrent, mais toujours en vain,
de briser leurs fers. Enfin, ils furent englobés dans

les immenses et rapides conquêtes d'Alexandre-le-Grand.

A Demouh, peu éloignée de Gizeh, les Coptes ont un monastère et les Juifs une synagogue. Auprès de cette dernière, il y avait un vieux tronc d'arbre que les Coptes, les Arabes et les Juifs révéraient également.

En voici le motif :

Moïse, selon l'opinion générale, s'étant arrêté en ce lieu, à son retour de Madian, planta son bâton en terre; soudain il prit racine et devint un arbre magnifique, couvert, en toute saison, d'un épais feuillage. Quand Mélic-Alaschraf-Schaban bâtit au Caire le collége qui porte son nom, il ordonna de couper son arbre qui, durant la nuit, se courba et devint impropre à la construction. Un autre accident le priva de ses feuilles. Les Coptes prétendent que dans un monastère du désert de Scytha le bâton de saint Ephrem se changea de même en un arbre aux rameaux ombreux et gigantesques. La plupart des Juifs qui habitent l'Egypte vont en pèlerinage à Demouh, ce qui les dispense de faire le voyage de Jérusalem. Ils y célèbrent tous les ans le Kbitab ou la Pentecôte, et sont tous convaincus que c'est bien en ce lieu que demeura Moïse, jusqu'au moment où il tira les Israélites de l'esclavage. C'était de là qu'il allait porter au Pharaon les ordres de Dieu.

Entre le Caire et le lieu où florissait la superbe Memphis, est une petite île appelée Rodah ou Roudah. C'est là que se trouve le *nilomètre* ou *Mekias*, échelle qui sert à mesurer la crue du Nil. On dit que c'est en ce lieu que Moïse, enfant, fut exposé au courant de l'eau.

« Si l'Egypte, dit un auteur contemporain, est appelée avec raison *la terre classique*, le Nil mériterait le nom

de *fleuve classique* avec plus de raison peut-être ; car les
observations dont il est l'objet depuis un temps immémo-
rial conduiraient certainement à la connaissance appro-
fondie des lois de l'hydraulique, applicables aux grands
courants d'eau, et aux changements qu'ils éprouvent dans
la pente et la figure de leurs lits, si les nilomètres qui
furent construits dans les diverses provinces de l'Egypte,
avaient subsisté jusqu'à présent, et si la date de leur
création était bien connue. Mais il n'existe aujourd'hui
qu'un seul nilomètre que l'on consulte, c'est celui de l'île
de Roadah ; et, parmi ceux dont l'histoire constate l'existence, on a trouvé celui de l'île d'Eléphantine. Ainsi ces
deux monuments sont les seuls à l'aide desquels on puisse
découvrir l'exhaussement du lit du fleuve sur les deux
points où ils sont érigés. »

La découverte du nilomètre doit, selon Millin, remon-
ter aux premiers habitants de l'Egypte. Etonnés du débordement périodique du Nil d'où dépendait la fertilité
du sol qu'ils défrichaient, ils sentirent la nécessité de
connaître la hauteur des crues du fleuve. Ils les observaient d'abord d'après la hauteur des terres voisines; ils
employaient ensuite un plomb, ou plutôt une espèce de
sonde faite avec un morceau de plomb attaché à l'extrémité d'un cordeau. Vu l'insuffisance et l'inexactitude de
ces procédés, l'esprit inventif des Egyptiens s'évertua, et
les nilomètres proprement dits furent une des premières
productions de leur industrie naissante. Ils consistaient
d'abord en une simple règle sur laquellle était tracée une
échelle de division sur les parois d'un puits creusé exprès, ou sur une colonne octogone en marbre blanc placée, soit dans un puits, soit dans un bassin où l'eau du
Nil pénétrait par un canal. Les auteurs anciens ne nous
ont transmis rien de positif sur la fondation de ces utiles
monuments ; il est donc impossible de décider quel doit

être le plus ancien. Quant aux Arabes, ils attribuent le premier nilomètre, tantôt à Hessyln, tantôt à Joseph, et le placent tantôt à Amrous, tantôt à Memphis. Aujourd'hui, vingt-deux degrés ou coudées (environ trente pieds) sont le type d'une bonne inondation.

Les anciens habitants avaient encore une autre machine pour connaître l'accroissement du Nil. C'était une figure hiéroglyphique ayant la tête d'une femme et le corps d'un lion, ce qui signifiait que le Nil commence à s'élever lorsque le soleil passe dans le signe du Lion et de la Vierge. Plusieurs de ces figures subsistent encore. On en voit uns près des Pyramides.

Le Nil résume à lui seul toute l'histoire de l'Egypte. Beau fleuve dont les sources furent longtemps inconnues, il vit sur ses deux rives s'élever une foule de villes dont l'une seule eût été l'orgueil d'un royaume; providence d'une longue vallée qui n'attend tous les ans que ses inondations régulières et son limon fertile, pour produire les fruits et les légumes les plus délicieux. Que de faits se sont accomplis sur ses bords, que de sang les a inondés, que de ruines aujourd'hui les déshonorent! Qu'il roule longtemps encore ses flots majestueux sous les lois sages et tolérantes d'un prince magnanime! Puisse ce beau pays, que les Romains appelaient le grenier de la grande ville, redevenir ce qu'il fut autrefois! Qu'il accueille avec amour nos populations, nos arts et notre industrie!

Ce n'est point à son sol que l'Egypte doit ses riches productions; car, selon M. de Volney, « le » terrain est composé de pierres calcaires, blanchâtres et » peu dures, tenant des coquillages amalgamés des deux » mers qui l'avoisinent, et recouvert de sable. » Cette contrée serait sans doute semblable en tout point au désert qui la borne à l'occident, si le fleuve qui la parcourt ne la fertilisait chaque année. Par une exception à la règle commune, il n'entraîne point avec lui, lorsqu'il rentre dans son lit, les sucs nourriciers de la terre ; il y laisse selon quelques-uns, un limon gras ; selon quelques autres, une terre brune détachée de ses bords. On en fait, est-il dit dans *les mémoires de l'Institut d'Egypte*, de la brique excellente et des vases de différentes formes : ce limon entre dans la fabrication des pipes : les verreries l'emploient pour la construction de leurs fourneaux, et les habitants des campagnes en revêtent leurs maisons.

Les Egyptiens ne bêchent ni ne labourent leurs champs. Lorsque le Nil s'est retiré, ils mettent un peu de sable avec la terre devenue un peu trop grasse ; ensuite, ils sèment et récoltent sans peine. Il n'est donc pas étonnant que la superstition ait mis ce fleuve au rang des divinités. Les habitants actuels le considèrent encore comme saint et sacré. La crue des eaux commence le 17 juin ; elles n'atteignent leur plus grande élévation que vers le milieu de septembre. Quelques auteurs placent cependant cet événement un mois plus tôt. M. Aulet fait observer que la fête de saint Michel tombe le 17 juin, dans l'ère des Coptes, ce qui leur a donné lieu de supposer que l'archange jette ce jour-là dans le fleuve une goutte d'une liqueur si puissante qu'elle cause la fermentation et la crue subite des eaux. C'est pour cela que le 17 juin est appelé *Nockta*, qui signifie *goutte* dans la langue du pays. Cette fable est si bien accréditée parmi les Turcs et même parmi les chrétiens, qu'on taxerait d'ignorance celui qui voudrait le contredire. On prétend même que les musulmans unissent leur dévotion aux prières des Coptes, et qu'ils imaginent tous, hommes, femmes, enfants, vieillards, mille moyens plus chimériques les uns que l'autres, pour s'assurer que la *goutte miraculeuse est tombée*. Les Egyptiens ajoutent la même foi à la vertu prophétique du puits d'El-Garmes, dans la moyenne Egypte, qui, suivant leur opinion, présage, dès le premier mois de l'année, par la miraculeuse élévation de ses eaux, la hauteur que le Nil doit atteindre.

Dans une ancienne mosquée, près du vieux Caire, un large puits carré contient un pilier de granit d'une forme octogone, qui est divisée en *karats*, où mesure du pays ; c'est un nilomètre. Les progrès de l'eau sont ordinairement de trois à quatre pouces dans les vingt-quatre heures ; quand elle est parvenue à sa plus grande hauteur, elle s'élève au-dessus de la colonne.

Le nom du Nil vient, selon l'opinion générale, de l'hébreu *nakkat* qui signifie fleuve, d'où les Egyptiens prononcèrent *Nehhil* ; de *Nehhil*, les Grecs firent *Neil*, en ôtant l'aspiration du milieu ; puis, en ajoutant leur terminaison en *os*, ils ont formé *Neilos*, d'où les latins ont dit *Nilus*, et nous *Nil*.

Cambyse, Alexandre, Ptolémé-Philadelphe, Néron, ne purent, malgré les plus grandes recherches, en découvrir les sources. En 1718, le P. Paez, missionnaire portugais, découvrit celles du Nil d'Abyssinie (l'*Astapus* des anciens), et les décrivit dans une relation qui a été mise au jour par Kircher. L'Ecossais Bruce de Rismaird n'a fait que répéter sur ce point ce qu'avait dit le missionnaire ; mais ces sources ne sont pas celles du vrai Nil, auxquelles aucun européen ne paraît encore avoir pénétré, et qui sont situées aux pieds des Alpes de Kumri ou montagnes de la Lune. Le Nil, qui coule, comme je l'ai dit, au milieu de l'Egypte, du midi au nord, se jetait dans la Méditerranée par autant d'embouchures qu'il y a de cataractes ; mais la plupart ont été fermées ; les deux principales sont aujourd'hui celle de Rosette au couchant, et celle de Damiette au levant.

Autrefois on appelait la plus orientale, bouche *Pélusiaque* ou *Pélusienne* ; et la plus occidentale, bouche *Canopique* ou *Héracléotique*. Les autres étaient la *Sébénuytique*, celle de *Sais* ou *Saétique*, la *Mendesienne*, la *Bolbitine* et la *Bucolique*. Les noms qui correspondent aujourd'hui à ces dénominations sont : 1°. la bouche de *Tynéh* ; 2°. la bouche d'*Omon-Farég* ; 3°. la bouche de *Dybéh* ; 4°, la bouche de *Damiette* ; 5°. la bouche du lac *Bourlos* ; 6°. la bouche de *Rosette* ; 7°. la bouche du lac *Maydich* ou d'*Aboukir*. Toutes sont ou étaient l'ouvrage de la nature à l'exception des deux dernières qui ont été creusées par les hommes.

L'île que le Nil forme, en se divisant en plusieurs branches, a pris le nom de *Delta*, à cause de sa ressemblance avec la quatrième lettre de l'alphabet grec. Les pluies périodiques qui tombent au sud du dix-septième parralèle sont les causes des inondations de ce fleuve ; ces pluies, qui commencent en mars, n'ont cependant pas d'influence sur l'état du Nil pendant les trois premiers mois ; ce n'est qu'au solstice d'été, comme je l'ai dit, que les eaux commencent à s'élever, sans perdre cependant de leur limpidité. Deux ou trois jours après le premier mouvement de la crue, elles se troublent, deviennent presque subitement rouges, s'élèvent graduellement de quatre pouces par jour, jusqu'à l'équinoxe d'automne ; couvrent la vallée et le Delta ; ensuite, pendant une intervalle aussi régulièrement déterminé, elles décroissent peu à peu et rentrent dans leur lit.

Du 15 au 20 août, lorsque le Nil arrive au point voulu pour l'inondation qui s'opère partout au moyen de canaux irrigateurs, sans envahir comme un déluge les campagnes, on procède avec pompe au *kalisch*, ou canal qui traverse le Caire, et va se répandre, avec diverses ramifications, sur une grande partie des provinces qui bornent la rive orientale de la branche de Damiette. La veille du jour de la grande solennité, dans la nuit, mille clartés, mille feux artificiels, représentant divers emblêmes, éclatent et se mêlent aux détonations du salpêtre, au bruit des fanfares et aux chants retentissants de l'Arabe. A côté du canal, des barques resplendissantes de lumières et richement pavoisées, sillonnent les eaux du fleuve, descendent et remontent son courant. Le lendemain les troupes sont sous les armes ; on pointe le canon sur la digue, on jette dans le fleuve l'emblême du sacrifice humain ; le feu du canon fait tomber la digue, et les eaux du Nil se précipitent, en bouillonnant, dans le canal.

Cette scène magique, cette musique aérienne rendue mélodieuse par le silence d'une belle nuit d'Orient, tiennent votre âme en suspens, et la plongent dans un ravissement qui dure encore même après les douceurs du sommeil. Le pacha et les beys assistaient à cette réjouissance avant l'installation de Méhémet-Ali qui, par sa présence, donne plus d'éclat à la cérémonie. Bonaparte, lors de son séjour en Egypte, suivit le même exemple ; mais il ne présida point à cette fête, comme quelques-uns l'ont prétendu, en robe longue et en turban. Quiconque rompt les digues avant l'époque fixée, est puni de mutilation ou même de mort.

Autrefois, car les anciens Egyptiens attribuaient la crue périodique du Nil à leurs dieux, on immolait à cette époque une jeune garçon où une jeune fille. On prétend que cette coutume barbare subsista jusqu'à la conquête des Arabes. On ne peut admettre cette dernière version. Les empereurs chrétiens, même les Romains et les Ptolémées, auraient arrêté ce sacrifice. Toutefois, Gaznevi raconte qu'Amrou-Ben-Al-As le supprima, ce qui causa de violents murmures. Le calife, informé par son général de ce qui se passait, écrivit au Nil en le menaçant de le faire couler dans son désert, en transplantant, soit en Arabie, soit en Syrie, les habitants de l'Egypte, si désormais il ne contentait d'une image de terre. La lettre du calife fut jetée dans le Nil avec une pompe extraordinaire ; et l'auteur arabe ajoute sérieusement que le fleuve sacré, sans doute intimidé, ou devenu moins sanguinaire, s'éleva, durant la nuit qui suivit la cérémonie, d'environ quatorze coudées.

On érige encore un autel que le courant entraîne avec les fleurs et le feuillage qui l'ornent ; cette offrande du moins sourit à l'imagination et ne fait point répandre de larmes.

La hauteur à laquelle il faut que le Nil parvienne pour inonder les terres sans les submerger, a beaucoup varié depuis le temps d'Hérodote. Jusqu'à la fin du seizième siècle, la bonne crue a été de seize à dix-sept coudées ; à cette époque, il fallut qu'elle atteignît la vingt et unième coudée. Faut-il attribuer ces variations à la différence des mesures, à l'exhaussement progressif du sol ou du lit du fleuve ? Quelle que soit la cause de cette différence, je dois faire observer que le nilomètre restauré par les Français, au temps de l'expédition, n'a que dix-huit coudées quatre doigts de hauteur. Le gouvernement ne manque jamais de publier que la crue s'élève à vingt-deux ou trois ; c'est une concession aux préjugés du peuple.

Trente pieds environ sont donc le type d'une bonne inondation ; si les eaux n'arrivent pas à ce terme, une partie du pays est stérile : si elles le passent, elles dévastent les campagnes, surtout dans la Basse-Egypte. Les maisons sont entraînées, les bestiaux noyés, et les fruits de la terre détruits par la grande quantité d'insectes qui naissent du limon.

Les terres ne commencent à se découvrir que vers les premiers jours de novembre, bien que les eaux aient cessé de croître depuis environ quarante jours ; mais les Coptes croient sérieusement qu'elles décroissent le 24 septembre, jour où ils célèbrent l'Exaltation de la sainte Croix : aussi, une fête non moins brillante que celle de l'ouverture, a-t-elle lieu à cette seconde époque.

Si les eaux du Nil sont peu potables (Volney, Vansleb et la commission d'Egypte sont de cet avis), en revanche son limon gras, noir, chargé de sel, rend la terre on ne peut plus féconde. Les anciens prêtres de l'Egypte prétendaient que les premiers hommes en avaient été formés. Diodore, en parlant de ce ridicule système de création, dit que l'eau et la terre ayant été séparées, les rayons du soleil produisirent sur la première une grande fermentation par suite de laquelle s'élevèrent plusieurs excroissances sur sa surface encore molle et fangeuse; de ces excroissances sortirent tous les animaux, l'homme compris. Je ne puis m'empêcher de sourire, en lisant dans le même historien, qu'après la retraite des eaux, il naquit, par le même prodige, une quantité infinie de rats. Les prêtres égyptiens, peut-être, ne cherchaient qu'à frapper l'imagination des peuples, en propageant des fables aussi grossières ; mais ce qui doit le plus étonner, c'est de voir en 1685, les Européens demander au Caire des renseignements sur cette création merveilleuse. Les érudits de la Ville-Dorée répondirent aux philosophes de Paris qu'on n'avait, dans le pays des prodiges, aucune connaissance de cette étrange production. Le fait est consigné dans le *Journal des Savants.*

Homère semble avoir compris les inondations du Nil, causées par les grandes pluies qui tombent régulièrement en Ethiopie pendant les mois d'avril et de mai, puisqu'il dit que ce fleuve immense *est un épanchement du ciel.*

Le Nil a trois grandes chutes qu'on appelle *cataractes* (du grec, *jaillir, s'élancer avec force, briser*). Il y en a une dans la Haute-Egypte, au-dessus de la ville d'Asna, une autre au-dessus du lac Dambéa, et une troisième au-dessous de ce lac. Cette dernière est la plus considérable, elle a cent toises ou six cents pieds d'élévation.

Le bruit que fait le fleuve, en ce endroit, est si considérable, s'il faut croire sur parole certains voyageurs, qu'on l'entend à une grande distance. C'est un épouvantable fracas. Le sol tremble sous les pieds, et le vertige saisit presque tous les visiteurs. Cependant, il y a des gens assez courageux pour descendre, dans de frêles barques, les canaux les plus étroits de cet impétueux et vaste torrent. Deux hommes se placent dans un esquif, l'un pour le conduire, l'autre pour empêcher l'eau d'y pénétrer. Après avoir été un instant ballottés par les vagues furieuses et blanches d'écume, ils se laissent emporter par l'impétuosité du courant, qui les pousse comme un trait ; ils tombent avec une telle rapidité dans le précipice qu'on les croit engloutis ; mais bientôt ils reparaissent. Le récit de Sénèque, d'après cette version, est d'accord avec celui de quelques voyageurs modernes. L'eau de la troisième chute est poussée avec tant de violence qu'elle forme une arcade sous laquelle elle laisse un grand chemi, où l'on peut passer sans être mouillé : on y trouve même des siéges taillés dans le roc, pour la commodité des voyageurs. Cicéron, qui n'avait jamais vu les cataractes, en fait une description qui s'éloigne encore plus de la vérité. *Le fleuve, dit-il, en se précipitant des hautes montagnes, mugit avec tant de force que l'organe de l'ouïe est paralysé chez ceux dont les habitations en sont trop voisines*. D'autres voyageurs, surtout parmi les modernes, sans tenir compte des changements qui ont pu s'opérer dans le cour du Nil, ont donné dans un excès contraire.

Ils raillent Cicéron, Sénèque et d'autres auteurs, affirmant qu'il n'y a point de bruyantes cascades, de chutes immenses, d'abîmes, de précipices, de tourbillons d'écume ; mais qu'il existe simplement en travers du lit du fleuve, de l'est à l'ouest, un banc de granit, large de trois ou quatre mille toises ; cette barre, interceptant le cours de l'eau, la force de couler entre les points de la roche qui excèdent le niveau du banc ; de plus, que ces chutes si minimes n'ont lieu qu'au temps des basses eaux ; car pendant l'inondation, les cataractes disparaissent tout-à-fait.

Parmi les animaux de l'Egypte, les plus remarquables sont le *crocodille* et *l'hippopotame ;* l'un et l'autre habitent les eaux du Nil.. Le premier se nomme encore *cayman,* et ressemble au lézard ordinaire pour la forme ; on en voit de monstrueux ; ses dents sont tranchantes, sa mâchoire inférieure est immobile ; il n'a que la supérieure en état de se mouvoir. Sa longueur est quelquefois de quarante pieds et plus. Son écaille est si dure que les balles du plus gros calibre ne peuvent l'entamer. Il est très agile dans l'eau, mais plus lent sur la terre. Ses yeux sont fixes, étincelants, ses pattes armées de griffes ; d'un coup de sa queue il peut assommer un homme. La femelle pond cinquante ou soixante œufs, les dépose sur le sable, et laisse à la chaleur du soleil le soin de les faire éclore.

Ce terrible amphibie déteste la vue et l'odeur du safran.

Un animal, semblable à une tortue, que Paul Lucas

appelle *toasse*, passe pour son ennemi ; il détruit, en effet, une partie de ses petits et de ses œufs.

On était assez superstitieux pour adorer cet animal dans la ville d'Arsinoé : on la nommait autrefois ville des Crocodiles.

Il y en avait une grande quantité dans le lac Mœris ; on les redoutait, on les adorait comme des dieux. On nourrissait un crocodile qu'on parait de pierres précieuses ; après sa mort, on l'embaumait, on mettait ses cendres dans une urne, on les honorait plus encore que celles des rois.

Les habitants emploient tous les moyens imaginables pour détruire cet ennemi dangereux. Le plus souvent ils mettent un morceau de chair à un crochet fixé au bout d'une longue corde qu'ils lancent dans la rivière. Le monstre saisit avidement l'hameçon : alors ils l'amènent avec précaution sur le rivage, et lui cassent aussitôt la tête. Quand ils le trouvent endormi le long du rivage, pour jouir de la chaleur du soleil, ils le percent avec un pieu de fer.

On raconte qu'un homme employa, pour en détruire un qui portait la terreur de tous côtés, le moyen le plus hardi et le plus extraordinaire : connaissant la retraite du monstre, il y plaça un poteau auquel il attacha son jeune fils ; puis, armé d'une main, d'une massue, et de l'autre tenant un bâton au bout duquel était une pelote de fil goudronné, il attendit, couché sur le ventre, que le crocodille, attiré par les cris de l'enfant, se trouvât à portée. Au moment où le vorace amphibie s'élançait pour saisir sa proie, l'intrépide Egyptien lui enfonça le bâton poissé dans la gueule et l'assomma.

L'hippopotame que l'on nomme aussi *cheval de rivière*, est un animal amphibie qui tient à l'extérieur du cheval et du bœuf. Il est naturellement doux, court très difficilement : tantôt il habite au fond des eaux et se nourrit de poisson ; tantôt il vient paître l'herbe des campagnes, et mange les légumes qui se trouvent à sa proximité. Il dort dans les roseaux et sur le bord du fleuve : ses dents sont très dures, et lui servent de défense aussi bien que ses pieds. Sa peau est d'une extrême dureté sur le dos, sur la croupe et au-dehors des cuisses ; les balles de plomb s'aplatissent dessus, et le fer des flèches s'émousse.

Cet animal est très sanguin. On assure qu'en se frottant contre un rocher, il se fait une incision pour se tirer le sang qui le gêne, et qu'ensuite il se couche dans la vase pour fermer sa plaie.

Avec ses dents, plus dures et plus belles que l'ivoire, on fait des dents artificielles qui ne jaunissent jamais ; avec sa peau, on fait d'excellents boucliers.

Cet animal est plus commun au Sénégal et au cap de Bonne-Espérance.

L'ichneumon, le rat de Pharaon ou d'Egypte, aujourd'hui *la mangouste*, est un des animaux que les anciens Egyptiens adoraient, et que les modernes chérissent encore : sa taille est celle du chat d'Europe ; son poil est rude, tacheté de jaune, de cendré et de blanc ; ses jambes sont courtes et minces ; sa queue est semblable à celle du renard ; son museau à celui du porc, et il en fait le même usage. Il est très familier, mais ennemis des chats, des lézards, des grenouilles, des souris, des rats et des oiseaux. On a prétendu que, pendant le sommeil du crocodile, il pénétrait dans ses entrailles et les rongeait. Cette opinion populaire est mise depuis longtemps au rang des autres fables égyptiennes.

Cependant il rend de grands services aux Egyptiens, car il déterre dans le sable les œufs des crocodiles, les brise, mange même les petits, attaque les serpents venimeux, et ne lâche point prise, quelles que soient les blessure qu'il reçoive. Pour s'en guérir, il a recours à une plante nommée *ichneumon*, où se vautre dans la boue.

Le mâle et la femelle ont une espèce de poche où se filtre une liqueur odorante, et qu'ils ouvrent, dit-on, pour se rafraîchir, lorsque la chaleur est extrême. Le moindre vent les incommode ; ils ne [peuvent supporter le froid.

En Egypte, on leur accordait autrefois les honneurs divins.

On voit en Egypte des autruches, des aigles, des milans, plusieurs oiseaux aquatiques, tels que le pélican, les oies, les canards sauvages. On y remarque des vautours et des flammants, ou phénicoptères, oiseaux d'un plumage éclatant qui habitent les lacs et quelquefois le Nil.

L'*ibis*, devenu fort rare, est une espèce de cigogne. Quand il met sa tête et son cou sous ses ailes, dit Elien, sa figure ressemble à celle du cœur humain. C'est un des oiseaux que l'idolâtre Egypte avait le plus en vénération. Il y avait peine de mort pour ceux qui le tuaient, même par mégarde. A une saison de l'année, le vent du désert apporte en ce pays une espèce de serpents volants, qui ne diffèrent des serpents ordinaires que par des ailes, semblables à celles des chauves-souris, dont leur corps est couvert. Ils ne sont pas moins dangereux pour les hommes que pour les animaux.

On feignit que, chaque année, les ibis allaient à leur rencontre et les tuaient dans un défilé, avant qu'ils eussent atteint le sol de l'Egypte. Le naturel de ces oiseaux les portant à détruire les reptiles, les prêtres inventèrent des fables qui en firent un objet de reconnaissance et de vénération.

C'est à la faveur de cette superstition que Cambyse, roi de Perse, se rendit maître de Damiette, dont il ne se serait peut-être jamais emparé sans le secours de ces oiseaux. Il en fit mettre un grand nombre à la tête de son armée, en sorte que les assiégés, ne pouvant atteindre l'ennemi sans s'exposer à percer de leurs traits ces ibis, se virent réduits à n'opposer aucune défense à ceux qui les attaquaient.

On voit souvent l'ibis sur la Table Isiaque, un des monuments les plus considérables que l'antiquité nous ait transmis : elle contient la figure et les mystères d'Isis, avec un grand nombre d'actes de la religion égyptienne, et fut trouvée au lac de Rome, en 1525.

On voit, dans cette table, la figure de presque tous les dieux égyptiens.

Elle est maintenant à Paris, dans le cabinet des antiques de la bibliothèque nationale.

Isis est quelquefois représentée avec une tête d'ibis. Cet oiseau était particulièrement consacré à Mercure, parce que ses plumes, blanches et noires, désignaient l'une et l'autre parole, c'est-à-dire l'articulée et la réflexion, ou la voix de la conscience.

Le Caire et les environs doivent beaucoup d'embellissement au vice-roi. L'île de Boulac et la ville qui s'élève sur les bords du fleuve contiennent la douane, le bazar, la bibliothèque, le lycée, où l'on enseigne les mathématiques, le dessin, l'arpentage, les langues française et italienne; l'imprimerie arabe, turque et persane; des bains, des manufactures d'indiennes et de soieries qui occupent des milliers de bras. De plus, à la ferme d'Ibrahim-Bey, il existe un collège non moins florissant.

L'hôpital, qui peut recevoir dix-huit cents malades, l'école de médecine et de chirurgie, sont situés à quatre lieues du Caire, près du village d'Abou-Zabel, dans le désert. Dans ce dernier établissement, on compte plus de trois cents élèves : M. Clot, Français et ancien chirurgien en chef aux armées du pacha, en est le directeur.

Notre compatriote, au commencement, eut à vaincre de nombreuses difficultés, par suite des préjugés et de la religion du pays. Les Arabes repoussèrent d'abord la dissection ; mais l'idée de l'utilité publique l'emporta sur le profond respect que les Musulmans ont pour leurs morts.

Ce ne fut pas sans étonnement que nous vîmes l'école d'Abou-Zabel apparaître au milieu des sables. En effet, c'est un tableau digne d'attention qu'une société d'hommes occupés de sciences chez un peuple qui ne jette pas un seul regard sur le passé, et se montre si peu soucieux de l'avenir.

Dans un autre petit village, peu éloigné du Caire, Méhémet a fait bâtir une maison de plaisance, où il passe presque tout l'été. On y remarque un jardin dans lequel on ne sème que des graines étrangères.

A notre retour, nous traversâmes le quartier des esclaves. Il y avait beaucoup de *marchandises*. En effet, une cargaison considérable était arrivée de l'Abyssinie et de Nubie... Je n'ose décrire cette assemblée de pauvres négresses jetées par troupes au milieu du bazar.

Les bêtes féroces ne se réunissent point pour se livrer des combats sanglants ; elles respectent leur espèce... Les hommes seuls ont pu fouler aux pieds les lois de la nature, et faire un trafic honteux de leurs semblables.

Méhémet-Ali, cherchant à régulariser l'administration de l'Egypte, saisit avec empressement toutes les occasions favorables à ses vastes desseins. Les quarante jeunes gens qu'il envoya à Paris, il y a quelques années, pour y recevoir une instruction capable de les mettre en état de former des élèves dans leur patrie, et dont on a été à même de reconnaître les progrès en tout genre, donnent l'espoir que l'Egypte reprendra son rang parmi les nations civilisées, et recouvrera son ancienne splendeur.

III

Le lac Mœris. — Le Labyrinthe. — Jugement des morts. — Momies.
— Ruines d'Héliopolis. — Le Phénix. — Onias. — Pyramides. —
Le Sphinx.

Le lac Mœris, ou de Caron, qui passait pour une des
merveilles du monde, avait autrefois seize lieues de circonférence, et dans les endroits les plus profonds, cinquante brasses d'eau. Ce lac, creusé par la main des
hommes, s'étend du septentrion au midi, sans communication avec la mer, mais en ayant une avec le Nil, au
moyen d'un canal de quatre lieues de longueur et de
trois cents pieds de largeur. C'est par cette voie que l'eau
entre et s'écoule à l'époque du débouchement du fleuve : deux sources empêchent que le lac se dessèche entièrement : quand les eaux sont basses, on aperçoit les
ruines des deux pyramides qui s'élevaient au milieu.

L'une portait sur un trône de statue colossale de Mœris,
et l'autre celle de sa femme.

La pêche de ce lac valait au prince des sommes immenses.

Quant au conduit souterrain qui, suivant Hérodote,
aboutissait à la Syrte d'Afrique, en passant derrière les
montagnes voisines de Memphis, on n'en a jusqu'à présent trouvé nulle trace, et il est possible que cet historien
n'ait voulu parler que du Bahr-Belama, qu'on a souvent
pris pour l'ancien lit du Nil.

On l'appelle aujourd'hui le lac de Birk-el-Keroun, à
cause du voisinage d'un vieux château dont les ruines
se voient encore à l'extrémité occidentale : d'après une
tradition arabe, un visir nommé Keroun y avait enfoui
ses trésors.

Ce château était isolé, sans compartiments intérieurs,
de soixante pieds de façade sur quarante de profondeur,
précédé, à ce qu'on croit, d'un portique formé par deux
colonnes ; Psckoke a pensé que cet édifice n'était qu'un
temple.

Le fameux Labyrinthe et la sépulture des anciens
Egyptiens étaient un peu au-dessous du lac, auprès d'Arsinoé, autrement la ville des Crocodiles. C'est ce qui a
donné lieu à la fable de Caron qui, selon les poètes,
transportait aux enfers, dans une barque les âmes des
morts.

Il n'était pas permis en Egypte de faire indifférem-
ment l'éloge funèbre de tous les morts. Avant d'être
admis à recevoir cet honneur, il fallait subir un jugement
solennel. L'accusateur public était écouté ; s'il prouvait
que la conduite du défunt avait été mauvaise, on l'en-
sevelissait sans honneurs, et sa mémoire était condamnée.
Si le jugement était favorable au mort, on faisait publi-
quement son éloge ; ses parents et ses amis prenaient le

deuil. Au lieu d'enterrer le corps, on l'embaumait ; puis on le rendait aux parents, qui l'enfermaient dans une espèce de niche, et le plaçaient debout et droit contre la muraille, dans un lieu solitaire de leur maison, d'où on ne le retirait que pour le transporter dans la plaine des momies.

Les rois mêmes étaient soumis à ce jugement.

Tous ces corps s'appellent *momies*. Ce mot, qui n'est ni d'origine grecque, ni d'origine latine, ne paraît pas cependant venir de la langue égyptienne, car, selon saint Augustin, les Egyptiens donnaient le nom de *gabbaras* à leurs corps embaumés ou desséchés. Cependant, quelques écrivains font dériver *mumia* (momie) de l'expression arabe *mum*, qui signifie cire. Les anciens auteurs n'ont transmis que des détails incomplets, tant sur la préparation que sur la conservation des momies. La plaine de Saccara, aux environs de l'ancien Memphis, est le lieu qui jusqu'ici en a fourni le plus ; mais très peu nous parviennent intactes, à cause de la cupidité des Turcs et des Arabes, qui ne les livrent aux voyageurs qu'après les avoir dépouillées. La caisse où l'on enfermait les momies était d'un bois simple et commun quelquefois de cyprès d'Orient, ou de cycomore. En haut du couvercle des caisses de momies, on voit ordinairement un masque avec le voile égyptien taillé dans le bois ; presque toujours aussi on y remarque au menton une tresse en forme de bouchon. Est-ce la barbe ou la feuille de perséa consacrée à Isis ? Les momies de femmes n'ont jamais ce signe. Sur les couvercles des cercueils, on voit des visages peints, ayant entre eux une parfaite ressemblance.

Sont-ce des ornements, ou la figure d'Osiris et celle d'Isis ?

Il y a des momies à ongles jaunes et non dorés,

comme on l'a cru. Abdallatif prétend qu'on trouvait de son temps quelques momies ayant des feuilles d'or très minces sur le nez et sur le front ; plus d'une fois même, des feuilles pareilles couvraient le corps tout entier ; d'autres momies avaient des anneaux précieux passés aux bras, ou aux doigts des mains. Dans l'intérieur de quelques-unes, on a trouvé de petites idoles, des amulettes, des nilomètres, etc. Une momie, ouverte par M. Blumenbach, avait des yeux postiches, faits de toile de coton enduite de poix-résine. Les bandelettes qui enveloppent ces corps sont souvent ornées de peinture hiéroglyphiques ; d'autres représentent la cérémonie de l'embaumement. Dans la même plaine de Sakarah, des réduits souterrains contiennent aussi un grand nombre d'animaux sacrés. M. Denon, dans son voyage de la Haute et et de la Basse-Egypte, a trouvé plus de cinq cents momies d'Ibis dans une seule cave. Les vases qui leur servent de sarcophages sont de terre rouge et commune, de quatorze à dix-huit pouces de hauteur. Leur arrangement est celui d'une momie humaine. Les explorations récentes d'un grand nombre de voyageurs ont enrichi nos cabinets d'une quantité de momies assez considérable.

Persuadés qu'au bout d'un temps déterminé l'âme venait ranimer le corps, et le rendre immortel, tandis que si elle revenait sur la terre après que celui-ci eût été anéanti, le nouveau corps qu'elle habitait se trouvait encore soumis à toutes les misères de la vie, les Egyptiens cherchèrent à conserver le plus longtemps possible, leur dépouille mortelle : aussi avaient-ils en horreur la mer fertile en naufrages qui laissent les corps sans sépulture. Plus tard, les stoïciens partagèrent cette croyance.

Suivant Plutarque, la manière de préparer les momies n'était pas toujours la même. Quelquefois, avant d'embaumer le corps, on l'exposait après l'avoir vidé, aux rayons du soleil, et l'on jetait les intestins et le cerveau dans le fleuve.

Hérodote, Diodore avaient déjà parlé de cette préparation : le premier raconte que les opérateurs commençaient par vider le crâne au moyen de crochets de fer qu'ils introduisaient par les narines, et remplaçaient ces matières par des drogues qu'ils introduisaient par la même voie. Après avoir, avec une pierre d'Ethiopie, fait une incision au côté, et tiré les intestins, ils lavaient la plaie et le corps avec du vin de palmier et des eaux qu'on avait eu soin de parfumer ; en remplissaient toutes les cavités avec de la myrrhe en poudre, de la casse et d'autres substances ; salaient le cadavre avec du nitre et ne le découvraient qu'au bout de soixante et dix jours. Alors ils l'entouraient ou plutôt l'emmaillottaient avec des rubans ou bandelettes de toile, et l'enveloppaient dans un linceul de soie, sur lequel ils répandaient de la gomme.

A ce précieux récit d'Hérodote, Diodore ajoute qu'avant de procéder à l'ouverture, l'un des opérateurs traçait les dimensions et la forme que devait avoir l'incision. Celui qui en était chargé ne l'avait pas plutôt faite qu'il prenait la fuite ; car les assistants le poursuivaient à coups de pierre, en l'injuriant et en le maudissant. On regardait comme un impie, un homme méprisable, celui qui portait sur un mort des mains sacrilèges.

Les embaumeurs procédaient avec tant d'adresse et de soin, que chaque membre restait entier, que la tête conservait les cheveux, la barbe et les cils des paupières. Souvent ils couvraient le visage d'une espèce de masque formé de plusieurs doubles d'une étoffe légère de soie qui, s'adaptant exactement sur la figure, en conservait la ressemblance parfaite. Les bandelettes étaient de toile de lin ; on eût regardé l'emploi de la laine comme une espèce de profanation. La manière ordinaire de s'en servir consistait à la passer en une infinité de doubles autour du cadavre, en commençant par la tête, et en descendant par-dessus les bras, qu'on tenait allongé sur les côtés, et successivement sur les cuisses et les jambes, jusqu'aux pieds, en sorte qu'une momie a l'apparence d'un bloc sans bras ni jambes. On a vu des momies dont l'enveloppe se compose de mille tours d'une toile très fine.

Cette digression m'a fait oublier le Labyrinthe dont je vais donner la description.

Selon Pomponius Méla, il contenait trois mille appartements et douze palais dans une seule enceinte de murailles. Construit et couvert de marbre, il n'offrait qu'une seule descente, au bout de laquelle on avait pratiqué intérieurement une infinité de routes, par où l'on passait et repassait, en faisant mille détours qui jetaient dans l'incertitude. Malheur à quiconque y pénétrait sans guide ! il n'en pouvait plus sortir.

Selon Hérodote, qui l'avait vu, ce bâtiment gigantesque était destiné à servir de Panthéon ou de temple à tous les dieux de l'Egypte. C'était aussi dans ce lieu que s'assemblaient les chefs de la nation. Les gouverneurs et les principaux des provinces s'y rendaient pour célébrer les fêtes solennelles, y faire des sacrifices, et juger les causes les plus importantes. Alors le royaume était divisé en douze parties ; chaque roi ou gouverneur avait son appartement particulier.

La description de Paul Lucas, qui a vu les restes de ce temple immense, au commencement du dernier siècle, et un commentaire intéressant du récit d'Hérodote, qui avait visité ce célèbre Labyrinthe lorsqu'il était entier et dans toute sa beauté. Cet historien explique le nombre incroyable des appartements dont parle Méla,

en remarquant qu'une était sous terre, l'autre au-dessus.
Selon ce dernier, c'était l'ouvrage de Psamméticus; selon
d'autres, il fallait en attribuer la gloire au prince qui a
fait creuser le lac de Mœris. Hérodote pense au contraire
que les douze rois qui avaient partagé le gouvernement
de l'Egypte léguèrent, de concert, ce monument à la
postérité.

On y voyait des chapelles et un nombre prodigieux
d'idoles.

La solidité en égalait la splendeur. Non-seulement il
résista pendant plusieurs siècles aux ravages du temps,
mais encore à la fureur des habitants de la ville
d'*Héracléopolis* qui adoraient l'ichneumon, qu'ils croyaient
être l'ennemi du crocodile que l'on révérait dans la
province ou était situé le Labyrinthe. Les arabes ont
beaucoup contribué à sa ruine. Cependant les débris
qui subsistent encore excitent l'admiration de tous les
voyageurs.

Les ruines d'On, que les Grecs appelèrent Héliopolis
ou la ville du Soleil, méritent d'être visitées. Un temple
magnifique y était dédié à l'astre du jour. Cet On des
Egyptiens r épondait à l'Oûm des Hindous, nom mystique
qui signifiait le grand être, le grand tout, le grand Pan.

Hérodote, et d'autres auteurs après lui, racontent plus
ou moins sérieusement la fable suivante : Le Phénix,
unique et n'ayant pas même de femelle, naît dans
l'Arabie, et vit cinq ou six cents ans. De la grandeur
d'un aigle, il a la tête ornée et brillante, les plumes du
cou dorées; les autres pourprées, la queue blanche
mêlée de plumes incarnates, des yeux étincelants comme
des étoiles. Lorsque chargé d'années, il voit la mort
approcher, il forme un nid de bois et de gomme aromatiques, puis rend le dernier soupir. De ses os et de la
moelle, il naît un ver, d'où il se forme un Phénix. Son

premier soin est de rendre à son père les honneurs de la sépulture. Pour cela, il compose comme une boule ou un œuf de quantité de parfums, de myrrhe, du poids qu'il se sent capable de porter, et il en fait souvent l'épreuve : puis il le vide en partie, y dépose le corps de son père, et en ferme avec soin l'entrée, qu'il enduit de myrrhe et d'autres parfums. Alors il charge ses épaules de ce précieux fardeau, et va le brûler sur l'autel du soleil dans la ville d'Héliopolis.

Cette vieille tradition, fondée sur une fausseté évidente, a cependant fait nommer, dans toutes les langues, phénix, tout ce qui est singulier et rare.

Le dernier chant du cygne provient également d'une erreur populaire, ce qui n'empêche pas les poètes et les orateurs d'employer cette comparaison.

C'est encore dans la Héliopolis qu'on rendait à un taureau, sous le nom de Mnévis, le même culte qu'au dieu Apis.

Cambyse, roi de Perse, exerça sur cette ville sa fureur sacrilége, brûlant les temples, renversant les palais, et détruisant les plus rares monuments de l'antiquité.

Onias, fils d'Onias III, ayant été écarté de la grande sacrificature par ses oncles, se retira en Égypte, où il fut accueilli favorablement par Ptolémée-Philométor. Il sut mériter la confiance de ce prince, et s'éleva, par ses talents, aux premières dignités. Il profita de la faveur dont il jouissait pour obtenir la permission de bâtir à Héliopolis un temple au vrai Dieu, sur le plan de celui de Jérusalem. Il n'épargna rien pour la construction de cet édifice, qui fut détruit peu de temps après la prise de Jérusalem par les Romains. Onias ne survécut que quelques mois à son bienfaiteur.

Quelques obélisques, quelques colonnes mutilées et couvertes de poussière, voilà ce qui reste de cette magnifique Héliopolis que le Fléau de la guerre renversa deux fois, et dont les débris furent foulés par nos soldats victorieux.

Vespasien fit transporter à Rome plusieurs de ses obélisques : ils sont encore un des plus beaux ornements de l'ancienne capitale du monde.

J'irai donc visiter les Pyramides d'Egypte! m'étais-je écrié avant de quitter la France. Mes vœux sont accomplis... Oui, j'ai contemplé, examiné, mesuré ces masses énormes, ces montagnes factives, et j'avoue humblement que leur aspect gigantesque n'a pas produit sur moi l'effet indicible que d'autres voyageurs ont peut-être éprouvé.

L'opinion la plus commune est que le mot *pyramide* vient du grec dérivé ce feu, parce que ces édifices se terminent en pointe comme les flammes. Les plus remarquables sont dans le nord de la Moyenne-Egypte, au sud-ouest de Caire, dans une plaine sablonneuse, à quelques distance de la gauche du Nil, et vers le canal occidental : elles forment deux groupes ; au nord sont les trois plus grandes, nommées pyramide de Gisch; les autres, au nombre de onze, s'appellent les pyramides Memphis. Les écrivains de l'antiquité ne s'accordent par sur l'époque de leur fondation. On les place cependant parmi les plus anciens monuments de l'Egypte, bien qu'Homère, qui fait souvent mention de ce pays, qui en rapportent plusieurs singularités, et parle de Thèbes et ses cent portes, ne dise rien des Pyramides. Ce silence porte donc à croire que ces monuments extraordinaires n'existaient pas, ou du moins ne venaient que d'être achevés de son temps. On sait que la plus grande des trois qui sont à quatre ou cinq lieues du Caire, est bâtie, comme les autres, sur le roc qui lui sert de fondement. Ce roc s'élève à la hauteur d'environ quatre-vingt-quartorze pieds au-dessus de la plaine ; sa base est ensevelie dans le sable. La pyramide, de figure carrée par sa base, dont chaque côté a six cent quatre-vingt-dix-neuf pieds, neuf pouces, sept lignes, et construite en dehors en forme de degrés ; sa perpendiculaire est de près de cinq cents pieds ; son sommet est terminé par une plate forme carrée, dont chaque côté peut avoir seize à dix-sept pieds ; la solidité totale de l'édifice est de trois cent treize mille cinq cent quatre-vingt-dix toises cubes. Cette masse imposante est composée de pierres d'une grandeur extraordinaire ; il y en a plusieurs qui portent trente pieds de long sur quatre de hauteur et trois de largeur. Les quatre faces de cette pyramide sont dirigées vers les quatre points cardinaux. On monte à son sommet par des espèces de degrés dont la hauteur et la largeur diminuent à mesure qu'on approche du sommet. Les pierres qui composent ces degrés, sont massives et polies ; selon quelques-uns, elles ont été tirées des montagnes de l'Arabie. Un auteur moderne prétend que les assises des pierres extérieures seraient prises à propos pour des degrés pratiqués à dessin ; que l'architecte a employé des pierres selon leur épaisseur : en effet, il y en a qui ont dix et douze pouces de plus que celles des oassises supérieures ou inférieures.

Au rapport d'Hérodote, cent mille ouvriers furent occupés en même temps à la construction de cette pyramide ; dix années entières furent employées à tailler et voiturer les pierres. Il fallut vingt ans pour achever cet énorme édifice, qui renferme dans son intérieur des galeries, des chambres et un puits. Le même auteur en attribue la construction à Chéops, prince impie, qui ferma les temples.

C'est, d'après l'opinion la plus générale, Cheotus, huitième roi de Memphis, qui fit bâtir la deuxième; mais le peuple, pour le punir de son orgueil et de sa tyrannie, l'exclut par jugement de la spulture qu'il avait rêvée. Suivant quelques Arabes, Joseph Nembrod et la reine Dalukah fondèrent ses monuments; mais par un singulier anachronisme, ce fut avant le déluge et comme par prévision. Ils y enfermèrent beaucoup de trésors, persuadés sans doute que l'or ne leur serait pas moins nécessaire après cette terrible catastrophe qu'auparavant. Les Sabéens regardaient les trois pyramides comme les tombeaux de Schout ou Seth, d'Hermès et de Sab, fils d'Hermès. Comme ils se prétendent issus de ce dernier, ils ne manquent pas de se rendre en pèlerinage à la pyramide où ils croient ses restes ensevelis. Abdallatif, en parlant de cette dernière tradition, cite Agathodaïmon, le dieu-chef des premiers Egyptiens.

Les Coptes soutiennent que les Pyramides furent fondées par le roi Saurid, lequel, d'une autre version appuyée sur une prétendue inscription, vivait trois siècles avant le déluge. Saurid, disent les conteurs arabes, averti par les prêtres que le déluge aurait lieu, fit construire les pyramides où il enferma d'immenses richesses qu'il entoura de talismans, afin qu'elles ne fussent point exposées au pillage. Dans la grande pyramide il mit un serpent, dans la seconde une idole d'agate noire, dans la troisième une statue de pierre. Si un individu cherchait à s'approcher du trésor, le serpent l'enlaçait et le piquait mortellement, l'idole le rendait fou, et la statue, allant à lui, l'étreignait si fortement qu'elle l'étouffait. C'est ainsi que les Arabes écrivent l'histoire.

Les Pyramides, selon les uns, étaient des observatoires, des édifices élevés à grands frais pour établir une méridienne invariable; selon d'autres, des gnomons, des monuments érigés en l'honneur du soleil, Osiris.

Hérodote et beaucoup d'autres après lui, ont prétendu que les Pyramides étaient exclusivement réservées à l'inhumation des anciens rois d'Egypte.

Caviglia a reconnu des routes souterraines qui s'enfoncent sous la grande pyramide. Cette découverte engagea Belzoni à chercher un passage pour pénétrer dans la seconde; il le découvrit, soit qu'il en eût connaissance ou non. Dans la chambre dite sépulcrale, on trouva une inscription qui prouvait que les Arabes y étaient entrés dans le douzième siècle de l'ère vulgaire.

Quant à la troisième pyramide, il paraît qu'elle n'a jamais été ouverte.

On croit que la première le fut par ordre d'Al-Mammoum, calife de Bagdad, il y a environ mille ans. Pour y réussir, on enleva une pierre située sur la face septentrionale, à cinquante pieds environ du sol. Tout porte à croire qu'une tradition existait à ce sujet, car le hasard seul n'aurait pu indiquer la pierre qu'il fallait enlever. Ce secret était connu même des anciens. Si Hérodote n'en parle que d'une manière assez vague, Strabon, mieux instruit, affirme qu'à une certaine hauteur, vers le milieu des côtés, il y a une pierre mobile qui, étant ôtée, laisse à découvert une entrée oblique par laquelle on pénètre dans l'intérieur.

On arrivait au centre des pyramides, non-seulement par l'entrée ordinaire, mais encore par des avenues secrètes; il y avait des conduits souterrains pour les eaux du Nil, des communications du dehors au dedans, et l'on sait aujourd'hui qu'auprès de ces monuments gigantesques se trouvaient des excavations où les prêtres faisaient leur mystérieuse demeure.

Au sommet de la pyramide de Chéops, selon les Arabes, on trouva une chambre contenant une pierre creuse où l'on vit une statue semblable à celle d'un homme. Cette dernière renfermait elle-même un homme, dont la poitrine était couverte d'une armure d'or enrichie de bijoux; cet homme était ceint d'une épée d'un prix inestimable; sa tête était ornée d'une escarboucle de la grosseur d'un œuf, et brillante comme le soleil. Sur cet homme étaient des caractères écrits à la main que personne ne put comprendre. L'avarice, en violant le tombeau du despote qui en avait sans doute achevé la lente et meurtrière construction, a justement frustré son fol espoir.

Quel cas, en effet, les Egyptiens devaient-ils faire de ces princes qui regardaient comme quelque chose de grand l'inutile construction des vastes bâtiments dans l'unique but d'éterniser leur nom, et qui, pour satisfaire leur vanité, chargeaient le peuple d'impôts et de corvées? Que ces despotes étaient éloignés du goût des Romains, qui cherchaient à s'immortaliser pas des ouvrages magnifiques, mais consacrés à l'utilité publique!

On avait marqué sur la pyramide de Cheops le total des sommes payées pour les aulx, les poireaux, les ognons et autres légumes fournis aux ouvriers. Ce chiffre montait à seize cents talents d'argent c'est-à-dire à quatre millions cinq cent mille livres, d'où il est facile de conjecturer combien, pour le reste, la dépense dût être énorme.

Avant de descendre de dessus la plate-forme qui, du pied de la pyramide, semble une pointe, bien que trente personnes s'y trouvent à l'aise, je gravai le nom de mon père, celui de Victor et le mien.

On pénètre dans l'intérieur de ce véritable Tartare, après s'être déshabilé jusqu'à la chemise, pour n'y pas périr de chaud. Chacun a sa bougie. On compte cinq galeries qui vont de haut en bas, de bas en haut, et horizontalement, à la chambre dite du roi. Quatre de ces canaux sont de même grandeur, c'est-à-dire qu'ils n'ont que trois pieds et demi de haut; le cinquième est beaucoup plus élevé. Le premier passage est carré, et aboutit au second, qui a la même forme. Vers le point où ils se rencontrent, l'un en descendant, l'autre en montant, il saillit de la voûte une pierre dont la surface tranchante ne laisse qu'une ouverture d'un pied de haut; on ne peut passer dessous qu'en se traînant sur le ventre, à cause d'une grande quantité de sable que le vent y avait poussée des deux côtés, autrement il serait de la même grandeur que l'entrée; il n'y a ni fenêtre ni ouverture qui favorisent le jour : aussi, sans flambeaux, on ne pourrait visiter ces lieux, et mettre en fuite les chauves-souris qui s'y cachent par milliers.

Dans ce deuxième passage, revêtu comme les autres de tables de marbre blanc, dans lesquelles, pour la commodité des curieux, on a, de distance en distance pratiqué des entailles, souvent deux Arabes viennent à votre secours : on ne saurait trop louer l'adresse qu'ils déploient à chaque instant. Cette galerie a quatre-vingt-seize pieds de longueur ; une ouverture y communique au puits dont Pline a fait mention. Un auteur arabe, qui l'a visité, dit qu'on trouve au fond quatre portes qui conduisent à quatre grandes pièces où l'on aperçoit un grand nombre de momies. Nous ne voulûmes point descendre dans ce puits, pour nous assurer de la vérité de cette assertion. La troisième et la quatrième galerie forment, pour ainsi dire, qu'une qu'on désigne sous le nom de *grande galerie*, et qui se termine en une espèce d'arche très-pointue : elle monte jusqu'à cent vingt pieds plus loin. Du bout de cette double galerie, un passage horizontal conduit à la dernière demeure d'un maître de l'Egypte, dont il ne reste que le sarcophage : c'est une grande cuve de granit dur et sonore : frappée d'une clef, elle rend le son d'une cloche. De là, il faut revenir sur ces pas, et de nouveau se mettre ventre à terre. Les gens maigres et fluets (je ne dis pas audacieux. crainte de paraître viser à l'épigramme), se tirent assez facilement d'embarras ; mais pour peu qu'on ait de la corpulence, il faut se résoudre à ramper comme un serpent.

Josephe, l'historien, prétend que les Pyramides furent construites par les Israélites durant leur séjour en Egypte ; cette assertion est erronée. En effet, suivant plusieurs passages de l'Exode, les Hébreux ne furent employés qu'à des ouvrages en briques, et les Pyramides sont de grandes pierres carrées de dix à vingt coudées de long, sur deux ou trois pieds de largeur et d'épaisseur ; elles sont liées entre elles par une couche de ciment dont l'épaisseur égale à peine celle d'une feuille de parchemin; certes, Moïse n'a pu confondre des briques avec des blocs de pierres énormes. On croit même que les Pyramides n'existaient pas encore au temps du législateur d'Israël. Il est à présumer qu'elles étaient ornées d'hiéroglyphes, comme tous les autres monuments de l'Egypte, et que les Arabes ont enlevé ce revêtement extérieur pour construire d'autres édifices. La seconde pyramide conserve encore une partie du sien, en beau granit rouge extrêmement poli. Si l'on n'y voit pas d'hiéroglyphes, c'est sans doute à cause de sa hauteur ; il n'aurait pas été possible de les lire.

D'après Diodore, la principale pyramide a été érigée par Chemmes, le huitième roi depuis Kemphis ; mais il fait observer que les historiens ne sont pas d'accord avec les traditions des habitants.

Les récits de Strabon et de Pline ne peuvent non plus se concilier avec ce que l'on voit aujourd'hui ; la description du puits par ce dernier auteur, les dimensions ridiculement exagérées qu'il donne au Sphinx, suffisent pour ôter tout crédit à son témoignage.

L'auteur anglais, que je cite en ce moment, après avoir donné l'opinion de Pline, qui croyait que les rois d'Egypte n'eurent pas d'autre but que de satisfaire leur vanité, ou qu'ils virent dans ces entreprises prodigieuses un moyen d'employer et de nourrir une population surabondante, ajoute : « Le grand travail qu'on remarque dans la disposition de l'intérieur, la combinaison du mécanisme qui a présidé à la distribution des communications, indiquent suffisamment que l'érection de ces monuments avait rapport à quelque solennité mystérieuse. Si l'on veut examiner la description de l'antre de Trophonius à Lebadée, dans Pausanias, avec tout l'appareil de ses caveaux étroits et de ses labyrinthes, on pensera peut-être que les différents sanctuaires trouvés dans les Pyramides ont été construits par une destination semblable à celle qu'on introduisit ensuite en Grèce avec tant de succès. »

Un voyageur moderne a hasardé la conjecture que la grande pyramide avait été construite pour servir de mausolée au patriarche Joseph. Alors, pourquoi l'auteur du Pentateuque, qui a décrit avec un soin si minutieux les événements extraordinaires de la vie du ministre de Pharaon, aurait-il omis un fait matériel relatif aux honneurs qui lui furent accordés à sa mort ? Le silence complet des saintes Ecritures, au sujet des Pyramides, semble prouver en effet qu'elles sont postérieures au temps de Moïse. Comment concevoir que ces immenses créations de l'industrie humaine, l'admiration de tous les siècles suivants, eussent été tout à fait dédaignées d'un homme si bien en état d'en apprécier le mérite, et que les circonstances de son éducation mettaient si bien à même d'en connaître le but? Plusieurs motifs concourent sans doute à l'érection de ces monuments, et peut-être les travaux de l'astronomie y entrèrent-ils pour quelque chose. Mais leurs sommets, terminés en pointe, ne permettent pas de croire qu'on ait voulu jamais en faire des observatoires.

Selon MM. Denon et Belzoni, les Pyramides qu'on voit à Gisch sont beaucoup moins anciennes que celles d'Ellahoun, Haourah, Metaniéh, dans les environs de Memphis du Bar-Jouseph et du Fayoum, qui sont élevées en terre ou en briques crues, à assises, et ordinairement soutenues à leur base par d'énormes et grosses pierres calcaires, placées verticalement le long de la surface extérieure de la pyramide. La dynastie thébaine, qui a une généalogie différente des rois memphites, éleva aussi des pyramides semblables, comme on en voit près d'Edfou. Les hypogées primitifs de Thèbes et de Silsilis appartiennent aussi à ce temps, comme ceux du Sakarah et des environs du lac Mœris.

Quelles que soient les opinions des divers savants, les interprétations anciennes et modernes, je n'en conclus pas moins que les Pyramides sont un ouvrage de patience et d'orgueil, dont le véritable but n'est pas et ne sera peut-être jamais connu.

A cinquante toises au nord, on voit ce qu'on appelle les catacombes. On n'a pas indiqué avec exactitude l'époque de ces excavations. Quelques embellissements sont loin d'appartenir aux temps antiques. Dans l'un des caveaux on remarque une imitation, en bas-relief, de la figure humaine, dont le travail très soigné et les proportions élégantes sont certainement beaucoup supérieures aux productions des statuaires de l'antique Egypte.

Nous vîmes aussi aux pieds de la pyramide de Chéphren le Sphinx colossal, monument que l'on suppose avoir été consacré au souvenir de quelque événement mémorable. Plusieurs savants l'ont regardé comme l'emblème du gonflement du Nil ; d'autres, comme le tombeau d'Amasis. Il pouvait avoir quatre vingt-quatorze pieds de longueur. C'est sans doute une protubérance de ce sol de roche, haute d'environ trente-cinq pieds, qu'on a eu l'idée de sculpter en sphinx. Cette colossale statue, depuis un grand nombre de siècles, est ensevelie sous le sable aride. Toute la partie antérieure a été mise à découvert ; aujourd'hui la tête et le cou s'élèvent à vingt-cinq pieds environ au-dessus du sol.

Tous les traits du Sphinx sont pitoyablement défigurés ; la bouche et les yeux fortement empreints du caractère de physionomie des peuples de la Nubie ont le moins souffert. La figure tient en partie de celle de l'homme, en partie de celle du lion. C'est à tort qu'on l'a souvent dépeinte comme celle d'une femme. Elle est sans douceur, et manque de délicatesse. Le cou et la poitrine sont évidemment masculins.

Le Sphinx me rappela ces vers du poème de *Napoléon en Egypte.*

Tandis que nos guerriers, par de grands souvenirs,
D'une nuit de triomphe occupent les loisirs,
D'autres, par pelotons, dans leur ronde assidue,
Explorent du désert la muette étendue,
Et visitent sans bruit les postes reculés.
Sous de vieux monuments, dans la plaine isolés.
Le Qui vive ? perçant des rauques sentinelles
Résonne dans le creux des tombes éternelles ;
Près du mont de Chéops, un garde aventureux
Surgit comme un point noir, de ces rocs ténébreux,
Où le désert lui montre, à sa blanche surface,
Du Sphinx monumental la gigantesque face ;

Et d'autres, pour veiller aux dangers de la nuit,
Errent sous les arceaux d'un vieux temple détruit;
De loin, on croirait voir des ombres fantastiques
Célébrer, sans témoins, ces mystères antiques
Où les prêtres d'Isis, éteignant les flambeaux,
Initiaient le peuple aux secrets des tombeaux,
Hélas! des étrangers, dans ces murs solitaires,
Ont assis, sans respect, leurs postes militaires;
Le vénérable écho du fond des souterrains
Répète avec effroi de profanes refrains,
Comme au jour solennels où l'Egypte soumise,
Ouvrit ses monuments aux soldats de Cambyse.

IV

Les savants qui accompagnèrent Bonaparte en Egypte,
et qui jetèrent tant d'éclat sur son expédition à jamais
mémorable, résolurent les premiers les doutes qui existaient sur le véritable emplacement de l'ancienne Memphis, la seconde ville des Pharaons. Elle était bâtie sur
la gauche du Nil, et avait, selon Diodore de Sicile, cent
cinquante stades de circonférence. Le palais des rois
s'étendait en longueur d'une extrémité de la ville à
l'autre : c'était probablement un amas prolongé de différents logements accompagnés de chapelles, de temples,
de lacs, de bosquets, de jardins, etc. Parmi une grande
quantité de temples magnifiques, celui de Vulcain se faisait remarquer par sa grandeur, par la beauté de ses
portiques, et surtout par le colosse dont parle Hérodote ;

il avait soixante-quinze pieds de long, et il était couché
sur le dos. Vis-à-vis du portique méridional s'élevait un
bâtiment dans lequel le bœuf Apis, regardé comme l'in-
carnation de l'âme d'Osiris, et consacré à la lune, était
nourri avec tout le soin et toutes les recherches qu'on
pouvait imaginer. Voici comment on raconte son histoire
merveilleuse ; mais il ne faut pas oublier que la religion
sous les Egyptiens était symbolique. En effet, ce peuple,
sous l'image des astres, des animaux et des productions
de la terre, adorait un être suprême et la nature.

Apis, roi d'Argos, fils de Jupiter et de Niobé, passa en
Egypte, y fut connu sous le nom d'Osiris, et devint
l'époux d'Isis, sa sœur. Il enseigna aux Egyptiens l'usage
de la médecine, la manière de planter la vigne, et les
gouverna avec tant de douceur qu'ils le regardèrent
comme un Dieu. On l'adorait sous la figure d'un bœuf,
parce qu'on croyait qu'il en avait pris la forme pour se
sauver avec les autres dieux, lorsqu'ils furent vaincus par
Jupiter. Selon les livres sacrés des Egyptiens, ce bœuf ne
devait vivre que vingt-cinq ans, au bout desquels les
prêtres le conduisaient au bord du Nil et le noyaient avec
beaucoup de cérémonie. On l'embaumait et on lui faisait
de magnifiques obsèques. Après sa mort, toute l'Egypte
était plongée dans un grand deuil, jusqu'à ce que les
prêtres eussent trouvé son successeur. Alors les lamen-
tations cessaient. L'animal était d'abord conduit à Nilo-
polis, où il était nourri pendant quarante jours. De là on
le transportait à Memphis, dans un vaisseau surmonté
d'un pavillon doré qui lui servait d'appartement. Lorsqu'il était arrivé, on le mettait dans le bocage de Vulcain pendant quarante jours. Les femmes seules avaient
alors la permission de lui rendre visite ; mais, ce temps
expiré, elles ne pouvaient plus le voir.

Osiris, qu'on représentait sous l'emblème d'un sceptre

et d'un œil, pour signifier son pouvoir et sa providence ;
sous l'image d'un faucon, à cause de sa vue perçante qui
embrassait tout l'univers ; enfin sous la forme humaine,
ce qui annonçait son immense fécondité, portait encore,
sur un buste surmonté d'une tête de buffle ou de taureau, une mitre qui lui servait de coiffe. Alors il tenait à
la main un sceptre à tête de coucoupha, ou bâton augu-
ral, le van sacré, la croix ansée, ou clé du Nil. Les tau-
reaux qui le représentaient étaient au nombre de deux :
l'un à Memphis, nommé, comme vous le savez, Apis ; et
l'autre à Héliopolis, nommé *Mneus*. Ce dernier était noir,
et n'était pas en aussi grande vénération qu'Apis. Celui-
ci devait être né d'une vache incapable d'engendrer un
autre veau. Les Egyptiens croyaient qu'il était conçu par
le bruit du tonnerre. Les marques qui devaient le distin-
guer des autres animaux de son espèce étaient la noir-
ceur de son corps, une tache blanche et carrée au milieu
du front, la figure d'un aigle sur le dos, les poils de la
queue double, et un nœud sous la langue, semblable à
un escargot. Les prêtres fabriquaient probablement ces
marques.

On lui faisait des sacrifices, et la tête de la victime
était l'objet d'imprécations ridicules.

L'image d'Isis, qui rappelle cette mystérieuse inscription : « *Nul n'a encore soulevé mon voile*, » était ordinairement une femme, ayant des cornes de vache sur la
tête, qui représentaient les phases de la lune. Elle tenait
dans sa main droite un sistre qui figurait le mouvement
perpétuel de la nature, et dans la gauche une cruche,
symbole de la fécondité du Nil. Quelquefois on la représentait, comme Cybèle, le corps couvert de mamelles,
pour marquer qu'elle nourrissait toutes choses. En général, elle était le type de la nature ou de la terre.

Plutarque considérait avec raison Isis et Osiris comme

une allégorie du soleil, de la lune et de quelques étoiles.

Haroéri ou Orus était leur principal fils. On le représente la tête surmontée d'un épervier, ou le plus souvent sous les traits d'un enfant, ou emmaillotté, ou vêtu d'une tunique, ou couvert d'un habit bigarré en losanges, et tenant un bâton terminé d'un bout par une tête d'oiseau, et de l'autre par un fouet. Ce fut le dernier des dieux qui régnèrent sur l'Égypte. Il tua Typhon, meurtrier d'Osiris, et remonta sur le trône de son père. Il fut tué à son tour par les Titans. Isis le rappela à la vie, lui procura même l'immortalité, lui apprit la médecine et l'art de la divination.

Har-Pokrat, issu d'Osiris et d'Isis, était le dieu du silence. On le représentait un doigt sur la bouche, ou bien on le voyait porté sur une barque de papyrus, ornée à chaque bout de fleurs de lotos. Les vieillards lui faisaient des offrandes de lait, et lui avaient spécialement consacré le pêcher.

Anubis était représenté avec le corps d'un homme à la tête et le cou d'un chien, ce qui lui a fait donner, par Virgile et par Ovide, l'épithète de *latrator* (aboyeur).

La statue de ce dieu-chien était toujours placée à la porte des temples, comme le gardien d'Isis et d'Osiris. On a cru à tort qu'Anubis avait été un roi d'Egypte, qui, ayant beaucoup aimé la chasse, et s'étant toujours entouré de meutes de chiens, fut désigné ensuite dans les hiéroglyphes égyptiens par la tête de cet animal.

Typhon, frère d'Osiris, d'Isis et de Nefté, est la personnification de tout mal ; c'est le mauvais principe toujours opposé à Osiris et à Isis, personnification du bon principe. Il épousa sa sœur Nefté, et gouverna les déserts orientaux de l'Egypte. Aspirant au trône de son frère, il profita de l'absence de ce dernier pour marcher sur l'Egypte, dont il se serait emparé sans la surveillance de

Dyom, qui le réduisit à une fuite honteuse. Cependant, on le voit reparaître et saluer avec enthousiasme le retour d'Osiris, vainqueur des Indes et de la Grèce, qu'il reçoit avec les marques d'une amitié non équivoque. Typhon, pour mettre le sceau à cette réconciliation, invita Osiris à un festin, où il avait convié soixante-douze complices de sa rébellion et de ses crimes, et de plus *Aso,* la reine d'Ethiopie, sa concubine.

Pendant qu'on se livre au plaisir, Typhon fait apporter un coffre d'un ouvrage admirable, et promet de le donner à celui qui le remplira de son corps : chacun essaya tour à tour, mais en vain. Osiris, à la fin, imita les autres convives et se mit dans le coffre, qui, secrètement, avait été fait à sa grandeur : aussitôt les complices de Typhon referment le couvercle sur Osiris et le jettent dans le Nil, dont les eaux l'entraînent dans la Méditerranée, sur les bords de la Phénicie, à côté de Byblos. Isis, poussée par le désespoir, se met à la recherche d'Osiris, et finit, avec l'aide d'Anubis, par le retrouver. Alors elle l'emporte en Egypte, dans la ville de Bouto, et le cache dans un endroit écarté. Cependant Typhon ayant appris cet événement, découvre pendant une nuit le cadavre, le prend, le coupe en quatorze morceaux, et les disperse en diverses contrées. Aussitôt Isis, infatigable épouse, parvint à réunir ces membres épars; mais le quatorzième ayant été mangé par les poissons, elle le remplace par un morceau de bois de sycomore et recompose en son entier le corps sacré qu'elle ensevelit à Philes, à l'extrémité de l'Egypte méridionale, dans un tombeau de forme de bœuf.

Depuis la première inhumation jusqu'à l'attentat de Typhon, Osiris sortait souvent du séjour des morts.

Une fois dans son tombeau, il changea de nom, et fut généralement appelé Sérapis.

En effet, ce nouveau dieu reçut les plus grands honneurs à Memphis et surtout à Alexandrie. La statue de Sérapis avait la forme humaine ; il portait sur sa tête un boisseau, emblème de l'abondance. Il avait la main droite appuyée sur la tête d'un serpent dont le corps se repliait autour d'une figure à trois têtes : l'une d'un chien, l'autre d'un lion, et la dernière d'un loup. Dans la main gauche, il tenait une mesure d'une coudée de longueur, pour marquer l'accroissement des eaux du Nil.

A Memphis, on abordait le temple de Sérapis par une avenue de Sphinx d'une grandeur prodigieuse ; successivement les sables s'amoncelèrent autour de ces simulacres, au point que, du temps de Strabon, les uns étaient ensevelis jusqu'à la moitié du corps, les autres jusqu'à la tête, et qu'aujourd'hui ils ont complètement disparu. Memphis communiquait, par ses canaux, avec le lac Mœris et la lagune Maréotis. Ce double avantage la rendit bientôt le centre des richesses, du commerce et des beaux-arts. L'ancienne capitale elle-même, la magnifique Thèbes, fut oubliée, et la gloire de Memphis subsista jusqu'à ce temps où les plus beaux édifices furent détruits par le féroce Cambyse. La fondation d'Alexandrie porta le dernier coup à sa puissance, et lors de la conquête des Arabes, elle fut anéantie pour jamais.

Ses ruines sont désignées aujourd'hui sous le nom de Métrainé, dans le désert de Sakka. Elles ont servi, comme je l'ai dit, à bâtir le Caire.

Nefté, *Nephté*, ou *Natfé*, sœur d'Osiris, d'Isis et de Typhon, et femme de ce dernier, forme avec Typhon le couple mauvais et stérile. Toutes les influences funestes sont des émanations de ces deux déités ennemies de l'homme, de l'ordre et du bonheur. Nefté est plutôt une divinité passive qu'active. C'est la terre inféconde, mais

que l'on peut féconder. Elle finit par déserter la cause
de Typhon, pour s'attacher à celle du jeune Haroéri,
qui vainquit ce mauvais principe et le fit prisonnier.
Typhon alla cacher sa honte et ses crimes au fond du lac
de Sirbon.

Thoth, *Thaaut,* ou *Theuth,* était un dieu égyptien auquel les Grecs donnèrent le nom d'*Hermès :* il fut chargé
par Osiris d'aider Isis à gouverner l'Egypte pendant son
absence. Il fut l'inventeur de l'écriture, de la grammaire
et de la géographie. En Egypte, il adoucit le langage qui,
jusqu'alors, était grossier ; il institua les castes et régla
la hiérarchie sacerdotale. Les livres qu'il laissa, au nombre de quarante-deux, le firent regarder comme une in-
carnation de la divinité, possédant l'intelligence au suprême degré. Il fut aussi la personnification de la caste
sacerdotale, et on lui a attribué ce que les prêtres d'Egypte
avaient fait ; aussi, pour récompenser sa mémoire, les
prêtres firent de ce dieu la personnification de l'âme in-
tellectuelle du monde. *Bubastis,* ou *Boubastis,* était fille
d'Osiris et d'Isis : elle eut part à l'éducation première
d'Haroéri, et se confond quelquefois avec sa mère, dont
elle n'est qu'une émanation. Les Grecs ont vu dans cette
divinité la fille de Latone ; car, disaient-ils, elle aida sa
mère dans l'éducation de son frère. Elle présidait aux
accouchements ; c'est donc une Diane, une déesse-lune.
On la représente sous la forme d'une biche, combattant
Typhon, ennemi d'Osiris.

Il y avait encore *Piromi,* le premier principe du monde, être irrévélé, absolu, incorporel, infini, immuable,
antérieur aux manifestations individuelles, soit humaines,
soit divines.

Knef, auquel on donne pour synonyme *Cneph, Nef,
Nev, Nouf, Noub, Noum, Chef-Nousi,* ou bras occidental
du Nil, *Cnev, Cnouf, Cnouphis, Cnoubis, Cnoumis, Chou-*

mis, était l'être suprême, le dieu créateur, se révélant par la création, et la première personne de la trinité égyptienne ; il était celui qui se meut, qui agit, qui commence les révélation du grand être ; c'est donc un dieu se révélant par la force moûvante et agissante ; c'est le créateur premier, le développement de son prédécesseur Piromi : Knef est enfin le fécondateur universel qui se développe sous divers noms, en producteur et en conservateur. C'est le rayon sacré, c'est-à-dire la lumière primitive ou principal vital, et par conséquent la vie qui se révèle par un œuf, autre principe vital ou la fécondation, et par le verbe ou la voix principe de l'animation du monde.

Le grand synonyme de Knef, s'appelle *Amoun* ou *Ammon,* dont la puissance active se confond avec celle de Knef seulement ; celui-ci offre plus nettement l'idée du créateur, et Amoun celle de moteur et de vérificateur du tout, quoiqu'ils fassent ensemble une seule et même personne divine. On l'honora particulièrement à Thèbes, capitale de la Haute-Egypte, dans l'oasis de Siouha et dans la Lydie septentrionale. Dans ce dernier temple surtout, ce dieu rendait des oracles que les habitants des contrées les plus éloignées venaient chercher. On dit que Bacchus se trouvant dans l'Arabie déserte, pressé par la soif, et sur le point de mourir, implora le secours de ce dieu, qui lui apparut sous la forme d'un bélier, et lui montra une source d'eau, après avoir frappé du pied contre terre. On dressa en cet endroit un autel à Jupiter, qu'on surnomma Ammon, Hammon ou Ammé, à cause des sables qui abondent dans cette contrée. D'autres prétendent que Jupiter fut ainsi surnommé, parce qu'un berger, fondateur de son premier temple, s'appelait Ammon. On dit, enfin, que Jupiter, pour plaire à Hercule, qui avait un grand désir de le voir, sépara la tête du corps d'un bélier, prit la peau de cet animal et s'en revêtit, pour se montrer sous cette forme au fils d'Alcmène.

Quoiqu'il fallût traverser des sables brûlants pour arriver au temple de Jupiter-Ammon, l'empressement des nations pour s'y rendre était tel, que ces lieux arides devinrent le centre de l'opulence. Plusieurs personnes célèbres de l'antiquité, entre autres Alexandre-le-Grand, consultèrent l'oracle de Jupiter-Ammon. Ce conquérant, après avoir repris Rhodes, qui sort comme un bouquet de verdure du sein des flots, l'Egypte et la Cilicie, sans livrer un seul combat, résolut d'aller consulter Jupiter-Ammon sur ses destinées et sur son origine. A peine entré dans le temple, il fut salué par le pontife comme fils de Jupiter. Alexandre oubliant qu'il était homme, et charmé d'être adopté par un dieu, dit « qu'il le recevait et le reconnaissait pour son père. »

Il demanda ensuite si son père lui destinait l'empire du monde?

On répondit qu'il serait le maître de la terre.

Il demanda, en troisième lieu, si tous les meurtriers de son père avaient été punis?

Les prêtres dirent que son père ne pouvait ni être tué, ni mourir. Mais ils assurèrent que les meurtriers de Philippe avaient subi la peine due à leur crime.

Ensuite, Alexandre se fit appeler fils de Jupiter, et rendre les honneurs divins.

A son retour de Jupiter-Ammon, il bâtit Alexandrie.

On pense avec raison que le héros macédonien avait envoyé d'avance des exprès au temple, pour offrir aux prêtres imposteurs une grande somme d'argent, et leur dicter ces réponses ridicules.

On représentait Ammon sous la forme d'un bélier, ou seulement avec une tête et des cornes de bélier. La

L'Egypte. 6

statue de ce dieu était une espèce de mécanique qui faisait des gestes et des signes, ce qui produisait une grande
impression sur un peuple superstitieux.

Knef-Amoun, le premier des dieux égyptiens, fut père
de *Fta* et aïeul de *Fré*, enfants, ou émanation, dans lesquels il se confondent tout-à-tour.

Neith, femme de *Knef*, n'est autre que son dédouble-
ment, ou Knef femelle et passive : c'est l'intelligence, la
volonté, l'énergie ; elle est postérieure ou inférieur à
Knef, qui agit, crève, tandis que Neith forme, pétrit,
ordonne, harmonie et engendre sous ses ordres. On la
représente sous la forme d'une femme assise et quelquefois à genoux, ayant des ailes, coiffé du pchent, et placée
sur la dépouille d'un vautour, emblème de la maternité.

Nith ou *Minerve* était la divinité de la ville de Saïs,
ainsi que d'Athènes. Aussi les Saïtes se regardant non-
seulement comme les amis, mais encore comme les parents des Athéniens, accueillirent-ils Solon, lors de son
voyage en Egypte, avec des témoignages d'estime et de
bienveillance. Le sage voyageur, dans ses divers entre-
tiens avec les prêtres les plus instruits de Saïs, apprit que
jadis il avait existé une île plus étendue que la Lybie et
l'Asie-Mineure, nommée Atlantide. Cette île très florissante et gouvernée par des rois tout-puissants, n'avait
pu soumettre les ancêtres des Grecs. Elle avait été englou-
tie dans la mer ; et cette mer où elle s'était perdue et à
laquelle l'île avait donné son nom, depuis cette époque
avait cessé d'être navigable. Solon avait fait de cet événement un poème ; Dropidas, son parent et son intime ami,
auquel il avait raconté cette histoire merveilleuse, l'avait
transmise à son fils Critias. De la bouche de celui-ci,
elle avait successivement passé par celles de Timée, de
Socrate et de Platon.

Fta ou *Pptha*, seconde personne de la trinité des Egyptiens, était fils de Knef et de Neith, et époux d'Athor. Fta est le feu, mais le feu dans l'acception la plus étendue ; il est donc une émanation de Knef. On le représente debout, avec un air immobile, et dans l'attitude d'une colonne dont la tête est composée de quatre corniches, semblables à celles qui surmontent ordinairement la colonne du Nilomètre, sur la deuxième corniche, sont deux yeux d'une forme singulière. Sa coiffure est composée de deux cornes de bouc, d'un petit disque et de deux plumes ou feuilles accolées l'une à l'autre. On le représente aussi accompagné d'un lion et d'un crocodile. Il laissa pour enfants, ou du moins se scinda, et donna naissance à *To* ou la *Terre*, et à *Potiri* ou le *Ciel*.

Athor, célèbre déesse égyptienne, est fille et épouse de Fta ou même de Fré, son fils-époux. Elle est supposée avoir été l'immense réservoir où s'élabora l'univers ; c'est la génératrice humide unie à Fta, c'est-à-dire au feu par excellence. On donne à Athor pour emblème le vautour, signe de la maternité, et l'ourrée, symbole de la puissance ; elle a des oreilles de vache, et quelquefois des oreilles humaines ; on la représente presque toujours en face ; elle est la nourrice mystique des Dieux.

Fré, *Phré* ou *Piré*, est la troisième personne divine de la trinité égyptienne ; c'est le fils ou une émanation de Fta, ou du feu, dont il est une spécialisation immédiatement inférieure, car les Egyptiens en firent le dieu-soleil, ou fils du feu. On lui donne pour épouse la *lune* ou *soleil humide*, d'où résulte un principe éminemment fécondateur ; Fré était spécialement adoré à Thèbes.

Les prêtres égyptiens, poursuit M. J. Odolant-Desnos, auteur de la *Mithologie pittoresque*, d'où je tire la plupart de ces citations, supposèrent ensuite que Knef, après avoir donné à Fta, ou principe vivifiant de la chaleur, la mission d'organiser le monde physique, chargea un autre dieu supérieur, appelé *Thoth* premier, d'organiser le monde immatériel : pour lui en offrir les moyens, il avait créé les âmes ; ensuite il avait envoyé, pour leur apprendre la vie civile, Osiris et Isis, assisté d'un autre Thoth, très semblable au premier ; car ce Thoth fut l'intelligence divine qui leur suggéra tout ce qu'ils firent.

Nous venons de voir ces civilisateurs égyptiens dans leurs travaux.

En Egypte, les grands dieux supérieurs déjà cités, avaient au-dessous d'eux ceux qui étaient représentés au-dessus de chacun des douze signes du zodiaque. Chaque signe en avait trois, et ces trente-six figures s'appelaient *Décans*, ayant chacune également au-dessous d'elle deux ministres moins puissants, qui avaient eux-mêmes, dit-on, cinq sous-ministres.

Les *Décans* étaient donc de vrais dieux secondaires, ayant chacun le tiers d'un des signes du zodiaque sous son autorité. Chaque Décan occupant dix degrés de l'écliptique, avait besoin d'environ dix jours pour être franchi par le soleil. Ils présidaient à l'horoscope, et suivant que l'homme naissait sous tel ou tel Décan, génie de l'homme venant de naître, était le Décan qui paraissait sur l'horizon au moment de sa naissance. L'influence de ce Décan, soit qu'il fût bon ou mauvais, ne l'abandonnait qu'à sa mort.

D'après Eratosthène, le premier dynaste ou souverain égyptien connu était Ménès. On peut consulter la *Mythologie pittoresque* et les auteurs qui ont servi de guides à M. Odolant-Desnos, pour composer la liste des Décans, depuis Ménès (2273 ou 2100 avant J.-C.) jusqu'à Phrouron. On verra dans le même ouvrage, par ordre alphabétique, une explication sur tous ces Décans ou dieux secondaires qui figurent dans le zodiaque, ainsi que les grands dieux, et correspondent aux divers dynastes.

Au-dessous des Décans et sous-Décans venaient les dieux planétaires, divinité également de second ordre, auxquelles on a donné le nom de Treize-douze.

Après ces dieux ou déesses, on connaissait encore, en Egypte, un grand nombre de divinités plus ou moins importantes.

Agathodémon, auquel on donnait le rôle sublime de bienfaiteur. Le serpent inoffensif qui portait son nom, lui était consacré ; il était la personnification, l'emblème de la vie dans toute sa force, et de la jeunesse, par suite de la nouvelle peau qu'il reprend chaque année. On figurait le dieu Agathodémon sous la forme d'un serpent se mordant la queue, pour marquer l'éternité ; on mettait sur sa tête un ornement royal, et sa queue se terminait par des fleurs de lotos ou d'épis. Tantôt ce dieu est porté sur des jambes humaines, tantôt sa tête d'homme et quelquefois de femme surpasse son corps roulé en longs anneaux. Agathodémon est le bon principe des Egyptiens ; aussi préside-t-il au fleuve *Nil*, avec lequel il s'identifie souvent. Cependant, d'ordinaire, on personnifie le Nil en un dieu appelé *Noute-Feu*, qui donna le jour à une fille du nom de *Memphis*, et femme d'Epaphe.

Baal-Tséphon était un dieu célèbre dans la théologie des Egyptiens ; on l'avait personnifié par une statue que les rois d'Egypte avaient placée sur les bords de la mer Rouge, pour avertir le pays de l'arrivée des ennemis, ou pour s'opposer à la fuite des esclaves égyptiens ; c'était une espèce de dieu Terme, chargé de faire respecter la propriété égyptienne. On le représentait avec une tête de chien. Lorsque à la prière de Moïse, toutes les statues des dieux tombèrent sous les coups de l'ange exterminatour, ce Baal-Tséphon seul resta debout , ce qui augmenta beaucoup la vénération des peuples pour lui, et lui valut un grand nombre d'offrandes de la part des pieux pèlerins. Son culte était répandu dans toute l'Egypte.

Bésa, divinité égyptienne , était adorée à Antinopolis et à Abydos, où elle avait un temple célèbre, à cause des oracles qu'elle y rendait. Ses réponses étaient données dans des lettres cachetées.

M. Odolant-Desnos termine cette nomenclature des divinités égyptiennes par Emeth et Noétarque, divinités supérieures, essences suprêmes ; tandis qu'Emeth était l'intelligence divine, la seconde était l'intuitive, d'où toutes les intelligences émanent , et où toutes retournent, comme dans un fleuve immense.

L'espace me manque pour rappeler ici les dieux égyptiens que les Grecs et les Romains ont adoptés tour à tour. On sait que l'idée de la métempsycose , admise parmi les Egyptiens bien avant l'arrivée d'Orphée en leur pays, les engagea , par respect pour les âmes des morts, à rendre les honneurs divins aux animaux. En effet, les loups, les brebis , les béliers, les chiens, la loutre , le vautour, l'ibis , le tardone, la cigogne et la huppe, étaient vénérés, soit dans un lieu particulier, soit dans toute la contrée.

La belette et l'aigle recevait les honneurs divins dans la Thébaïde ; le rat, dans la ville d'Hercule ; la musaraigne, à Alhoibis et à Buto ; la chèvre et la dorade, à Captos ; le bouc, à Mandès, à Thamis et à Panopolis ; les singes, dans les deux villes de Mercure et dans la Babylone d'Egypte ; les éperviers, à Hiéracoupolis ; la chouette, à Saïs ; la perche et la variole, à Latopolis ; la carpe, à Lépidotum ; le brochet à Oxirinchus ; le phoque ou spare, à Syenne ; les vaches et les chats, à Memphis, à

Chuse et à Aphroditopolis. Le chat surtout était considéré, dans toute l'Egypte, comme un symbole d'Isis ; de même que l'hippopotame était celui de Typhon ; le scarabée, celui de l'Egypte, et le bœuf, sous le nom générique d'Apis, celui d'Osiris. Les Egyptiens regardaient en outre plusieurs plantes comme sacrées, et les consacraient à leurs dieux. Ainsi le memphée, le pavot, l'olyra, le papyrus, l'absinthe, la moutarde sauvage, le perséa, l'acacia, et enfin d'une manière toute particulière, l'ognon.

Les monuments des Egyptiens fournissent des emblèmes sacrés : Le *Sphynx*, par exemple, est une représentation symbolique, composée de la Vierge et du Lion, pour indiquer la fécondation du pays par les inondations du Nil, qui jouait toujours dans les cérémonies le rôle positif, soit ouvertement, soit d'une manière détournée.

Canope, dieu des eaux, que les Egyptiens représentait sous la forme d'un vase surmonté d'une tête d'homme et couvert d'hiéroglyphes, n'était autre, d'après Pernety, qu'une figure symbolique de tout ce qui est necessaire à l'œuvre du sage, ou le vase de l'art selon d'Espagnez. Il est plus simple de dire que ce bocage à large ventre, fabriqué avec une terre extrêmement poreuse, servait à filtrer l'eau du Nil, afin de la rendre claire et potable. Canope dans l'ancien idiome égyptien, signifie *terre d'or*. Les habitants de Canope, qui trouvaient cette argile dans leur voisinage, et en faisaient, dans toute l'Egypte, un grand commerce de vase à filtrer, se crurent, par reconnaissance, obligés d'honorer comme une divinité bienfaisante l'objet de leur prospérité.

On adorait aussi, à Canope, Hercule et Sérapis, surnommés *Canopiens*. Le cabinet des antiques de la Bibliothèque nationale possède un Canope très bien conservé.

Les Chaldéens, adorateur du feu, allaient défiant les dieux de toutes les autres nations, comme n'étant que d'or, d'argent, de pierre ou de bois, de pouvoir résister à leur divinité. Un prêtre de Canope, ayant accepté le défi, on alluma un grand feu au milieu duquel fut placé la statue de Canope. Il en sortit une grande quantité d'eau qui éteignit le feu. Canope, déclaré vainqueur, fut regardé comme le plus puissant des dieux. Mais il ne dut cet avantage qu'à l'artifice du prêtre qui, après avoir percé le vase de plusieurs trous, les avait bouchés avec de la cire que le feu fit fondre ; alors l'eau qui était renfermée dans le vase s'échappa subitement et ne manqua pas d'éteindre le feu. Je dois ajouter que la ville dont il est question, située à l'une des embouchures du Nil, possédait un temple superbe dédié à ce dieu. Saint Clément d'Alexandrie dit qu'il y avait une académie des sciences, la plus célèbre de toute l'Egypte ; qu'on y apprenait la théologie égyptienne, les lettres hiéroplyphiques ; que les prêtres y étaient initiés dans les mystères sacrés, et que nulle part on ne les expliquait avec plus d'attention et d'exactitude. C'est pour cette raison que les Grecs y faisaient de si fréquents voyages.

Ne pouvant, dans cet ouvrage, parler en détail de tous les animaux, de tous les légumes qui étaient un objet de vénération pour les Egyptiens, je dois excepter Ælurus ou le chat, consacré à Isis. On le représentait tantôt sur le haut du sistre, instrument que cette déesse porte souvent à la main, tantôt sous la figure d'un homme ou d'une femme, avec la tête de cet animal. Lorsqu'un chat mourait, les Egyptiens l'embaumaient et le portaient en grand deuil dans la ville de Bubaste (qu'Ezéchiel menaça des derniers malheurs), et où Isis était particulièrement révérée. Les Egyptiens avaient tant de respect pour le dieu-chat, qu'ils punissaient de mort ceux qui en auraient tué un, même par accident. Diodore rapporte un fait dont-il avait été témoin pendant le séjour qu'il fit en Egypte : un Romain ayant tué un chat par mégarde et sans dessein, la populace en fureur courut à sa maison, et ni l'autorité du roi, qui sur-le-champ envoya des gardes, ni la crainte du nom romain ne put le sauver. Leur respect pour ces animaux les porta, dans le temps d'une famine extrême, à aimer mieux se manger les uns les autres, que de toucher à leurs prétendues divinités. Ces peuples croyaient que Diane, pour se soustraire à la fureur des géants, s'était cachée sous la figure de cet animal. D'après Pernety, les Egyptiens regardaient le chat comme le symbole de la lune, et les prêtres faisaient usage d'attributs dont le sens mystérieux n'était connu que d'eux seuls.

Les Egyptiens avaient le loup en grande vénération, parce qu'ils croyaient qu'Osiris s'était souvent déguisé sous la figure de cet animal. On l'adorait même à Lyco-polis, qui signifie ville des Loups.

Le loup était consacré à Apollon, ce qui le fit surnom-mer *Apollo Lycius*.

Dans la fiction de l'expédition d'Osiris, on dit que ce prince ou ce dieu s'y fit accompagner de ces deux fils, Anubis sous la forme d'un chien, et Macédon sous celle d'un loup.

Isis, suivant l'inscription de sa colonne, dit d'elle-même qu'elle est ce chien brillant parmi les astres ; nous l'appelons *Canicule*.

Parmi les légumes et les plantes, l'ognon était surtout révéré en Egypte. Sur la rive orientale de la bouche pé-lusiaque, dans une bourgade dépendant du nome Sé-throïte, on avait élevé un temple dans lequel on rendait un culte à l'ognon marin.

Nul doute que l'ognon étant une plante potagère dont

le peuple faisait un grand usage, n'ait dû les honneurs divins à cette circonstance.

Le lotus est une espèce de nénuphar qui croît en abondance après l'inondation du Nil. Les Egyptiens après l'avoir coupé, le faisaient sécher au soleil, et d'une partie de cette plante qui ressemblait au pavot, ils faisaient du pain. Sa racine est ronde, de la grosseur d'une pomme, et fort bonne à manger. Le fruit du lotus ressemble à celui du lentisque, et n'est pas moins agréable au goût que celui du palmier. Les lotophages, qui n'avaient que ce fruit pour toute nourriture, en faisaient même du vin. Le lotus était consacré à Apollon et à Vénus. Lotis, nymphe, fille de Neptune, fuyant les poursuites de Priape, fut métamorphosée en cet arbre, dont le fruit avait la vertu de faire oublier aux étrangers leur patrie, leurs parents, aussitôt qu'ils en avaient mangé. On connaît l'aventure d'Ulysse qui, jeté par la tempête sur les côtes d'Afrique, envoya pour reconnaître le pays, deux de ses compagnons auxquels les Lotophages offrirent le fruit délicieux dont je viens de parler. Les Grecs y goûtèrent, et soudain oublièrent complètement leur pays : il fallut user de violence pour les ramener au milieu de leurs compatriotes.

Je me suis peut-être un peu trop étendu sur les dieux d'Egypte ; cependant, j'omets bien des membres de cette nombreuse famille.

Je termine ce chapitre par des observations sur l'année égyptienne. Au rapport d'Hérodote, les peuples fixèrent les premiers l'année de trois cent soixante jours, partagés en douze mois. Mercure-Trismégiste ajouta cinq jours à l'année, et la fit par conséquent de trois cent soixante-cinq.

Les mois n'avaient dans l'origine aucune dénomination particulière, et se comptaient par premier, deuxième, troisième, etc. Dans la suite des temps, on leur donna les noms suivants :

1er Thot, 2e Paophi, 3e Athyr, 4e Choéac ou Cohiac, 5e Tybi, 6e Méchir ou Machir, 7e Phaménoth, 8e Pharmouti, 9e Pachon, 10e Payni, 11e Epiphi, 12e Mésori.

Ensuite venaient les jours appelés *Épagomènes*.

Diodore de Sicile, Plutarque et Pline, disent que d'abord l'année était fort différente de celle que je viens de décrire, et que les Egyptiens mesuraient leurs années par le cours de la lune, de manière qu'une lunaison. c'est-à-dire un mois lunaire complétait l'année. Voilà, selon les mêmes auteurs, la raison pour laquelle les Egyptiens faisaient le monde si ancien ; voilà pourquoi l'on trouve dans leur histoire des rois qui ont vécu plus de mille ans; voilà, enfin, pourquoi ils comptaient 36,528 ans depuis la création du monde, tandis que leurs années réduites en années solaires, n'offraient véritablement qu'un résultat de 3,044 ans environ.

L'Ecriture sainte nous apprend que, dès le déluge, l'année était composée de douze mois, et il est probable que Mesraïm, fils de Cham, fondateur de la monarchie égyptienne, a continué et répandu cet usage qui remonte à la plus haute antiquité.

Il est certain qu'après la réformation du calendrier romain, opérée par Jules César, l'année des Egyptiens était composée de douze mois, à la fin desquels on ajoutait cinq jours, nommés pour cette raison *épagomènes*.

Cependant, comme cette année, portée par Mercure-Trismégiste à 365 jours, différait d'environ six heures de l'année tropique, il arrivait qu'en négligeant le calcul de ces six heures, cette année de quatre en quatre ans anticipait d'un jour sur la période solaire, de sorte qu'en 1460 ans, son commencement devait répondre successivement aux différentes saisons de l'année.

Le remède que les astronomes d'alexandrie imaginèrent à cet inconvénient, fut d'ajouter tous les quatre ans un sixième jour (*épagomènes*), comme Jules César ajouta, dans ce même intervalle, un vingt-neuvième jour au mois de février.

Cette année des Egyptiens commençait le vingt-neuf août.

V

Je rentre au Caire, j'admire de nouveau ses minarets
d'où l'on appelle le peuple à la prière ; la voix lente et
monotone des imans retentit à mes oreilles. Soit que les
premiers feux du jour dorent ces tours ou clochers, soit
que le soleil couchant les enlace d'un réseau de feu, ils
fixent agréablement les regards et sourient à l'imagination
des Européens ; je les contemple, je les vois encore ; et
cet effet d'optique, tout intraduisible qu'il est, ne peut
s'effacer de mon souvenir.

A l'ouest de l'Egypte sont les oasis, terrains fertiles au
milieu du désert : les Grecs en ont connu trois principales : la grande, la petite, et celle où était situé le temple d'Ammon. Elles sont peu habitées : la première contient des ruines égyptiennes.

Il existe tant de descriptions des obélisques de Louqsor, que je me contenterai de dire, en passant, que ces monuments sont les plus simples de l'architecture égyptienne ; ils portent inscrits les noms, prénoms, titres honorifiques du roi Sésostris ou Rhamassès, qui les fit ériger, ainsi que les formules de leur dédicace à une divinité que plusieurs savants prétendent être le soleil.

L'obélisque qu'on admire à Paris a soixante-douze pieds trois pouces de hauteur. Ces monuments donnent aux modernes la plus haute idée de la magnificence des dynasties qui les ont élevées. En égyptien, le mot obélisque signifie *rayon de soleil ;* en effet, la forme de ces monolithes en a la ressemblance. D'autres font dériver ce mot du grec : alors il signifie *broche, aiguille.* On les nomme en arabe *messelets de Pharaon, aiguilles de Pharaon.* Selon Millin, les premiers obélisques furent élévés en l'honneur d'Osiris, ou comme des symboles du cours du soleil, puisque leur nom même désigne un rayon, et que leur forme ressemble à un rayon solaire. Ils sont faits d'une seule pierre à quatre faces ; d'ordinaire, chaque côté est orné d'hiéroglyphes. On plaçait les obélisques sur un piédestal simple et carré plus large que l'obélisque ; leur hauteur est de cinquante pieds et davantage. Il paraît qu'on tirait le plus grand nombre de ces pierres d'obélisques des carrières de la Haute-Egypte. Diodore, Hérodote et Pline surtout, offrent des détails sur ces espèces de monuments, dont plusieurs ont été découverts par les voyageurs modernes.

Les Romains, maîtres de l'Egypte, en firent passer un grand nombre dans la ville éternelle; mais cette capitale du monde, tant de fois ravagée par les hordes du Nord, les vit tomber les uns après les autres. Des fouilles, ordonnées par le pape Sixte V, en firent découvrir quatre qui furent dressés par les soins de son architecte Fontana.

Depuis cette époque, on en releva plusieurs. On en avait aussi amené un grand nombre à Constantinople; le plus célèbre était dans la partie de l'hippodrome qui le partageait en deux moitiés, et qu'on appelait *Media Spina*.

Après Menès, fondateur de Memphis, régna Busiris, qui bâtit la fameuse ville de Thèbes; il y établit le siége de son empire. Cette ville, dont les ruines occupent, le long des deux rives du Nil, un espace d'environ trois lieues, était située dans la Haute Egypte, à dix lieues nord-est d'Esné, et à cent seize lieues sud-est du Caire. Ces ruines célèbres, qui vont jusqu'aux montagnes arabiques et lybiques, attestent que la circonférence de l'antique Thèbes était d'environ dix lieues. Cette ville pouvait le disputer aux plus belles de l'univers. Ses cent portes, chantées par Homère, sont connues de tout le monde. Elle n'était pas moins peuplée qu'elle était vaste, et l'on a dit qu'elle pouvait faire sortir ensemble dix mille combattants par chacune de ses portes. Des auteurs modernes, entre autres M. Antronne, prétendent que cette ville n'avait pas plus de deux cent mille habitants; que le nom de Thèbes, pris pour celui de toute l'Egypte, avait occasionné une confusion sur toutes les forces de l'Egypte; que les écuries destinées aux vingt mille chars, dont pouvait disposer cet empire, étaient situées depuis Thèbes jusqu'à Memphis.

Les mêmes auteurs prétendent que les cent portes dont il est question ne pouvaient être qu'une allusion aux portes de tous les temples, de tous les palais renfermés dans l'enceinte de la ville, en y comprenant sans doute celles qui donnaient entrée autour de cette cité, qui n'avait peut-être pas même d'enceinte. Est-il croyable, en effet, qu'un million de soldats eussent pu sortir de la même ville, dont il faudrait au moins porter la popula-

tion à dix millions? Il est clair qu'il est question de toutes les forces que l'Egypte pouvait mettre sur pied en cas
de guerre. Les commentateurs d'Homère ont admis et
propagé cette erreur étrange. La plaine de Thèbes est
parsemée de monticules sur lesquels étaient situées les
habitations; on voit que chacun de ces monticules formait un groupe particulier entouré d'une enceinte. La
réunion de ces groupes isolés apparaissait à l'œil du
voyageur comme les îles des Cyclades, qui s'élèvent au-
dessus de la mer et sont détachées les unes des autres.
Déjà, du temps de Strabon, Thèbes n'offrait que les débris de sa grandeur, répandus de toutes parts comme un
immense ossuaire. L'époque de sa plus haute splendeur
connue était sous les Pharaons de la dix-huitième, dix-
neuvième et vingtième dynastie, que l'on peut placer
entre 1222 et 1500 ans avant Jésus-Christ; c'est pendant
ces règnes qu'eurent lieu l'expulsion des rois pasteurs, la
restauration de la monarchie égyptienne, les vastes conquêtes de Sésostris, qui réunit les deux autres royaumes
d'Egypte à celui de Thèbes, entra dans l'Ethiopie qu'il rendit tributaire, porta ses armes dans l'Asie, prit Jérusalem,
enleva les richesses du temple, et pénétra dans les Indes,
plus loin qu'Hercule et que Bacchus, plus loin même que
ne fit, par la suite, Alexandre-le-Grand, puisqu'il soumit
les pays au-delà du Gange. Les Scythes lui obéirent jusqu'au Tanaïs; l'Arménie et la Cappadoce reçurent ses lois.
Hérodote a vu dans l'Asie-Mineure, d'une mer à l'autre,
les monuments de ses victoires avec les superbes inscriptions de *Sésostris, roi des rois, seigneur des seigneurs.*
Il y en avait jusqu'en Thrace, et il étendit son empire
jusqu'au Danube; la difficulté des vivres l'empêcha de
pénétrer plus avant dans l'Europe; il revint neuf années après, chargé des dépouilles de tous les peuples
vaincus.

Pour décrire son empire, il inventa les cartes de géographie. Cent temples fameux, érigés en actions de grâces aux dieux tutélaires de toutes les villes, furent les plus belles marques de ses victoires. Il régna trente-trois ans, et jouit longtemps de ses triomphes; mais il eût été encore plus digne de gloire, si la vanité ne lui eût pas fait traîner son char par des rois vaincus. Il fit élever aussi, dans la ville d'Héliopolis, deux superbes obélisques, qui avaient chacun cent quatre-vingts pieds de haut. Auguste après la conquête de l'Egypte, les fit transporter à Rome. Il semble que Sésostris ait dédaigné de mourir comme les autres hommes. Devenu aveugle dans sa vieillesse, il se donna la mort, et laissa le gouvernement de l'Egypte à Phéron (1457), qui ne succéda pas à la gloire de ce grand monarque.

C'est encore vers cette époque qu'eut lieu la construction des édifices de Thèbes, de ses temples, où tout brillait d'or, d'argent, d'ivoire et de pierres précieuses. Enlevés par Cambyse, ces trésors furent prodigués pour embellir les palais de Persépolis, de Suze et de plusieurs autres villes de Perse. Diodore de Sicile cite encore, comme témoin oculaire, un temple qui avait treize stades de tour, et quarante-cinq coudées d'élévation. Dévastée plus tard par Ptolémée-Philométor, et détruite l'an vingt-huit avant Jésus-Christ, par Cornélius Gallus, premier préfet de l'Egypte, cette antique cité ne se releva plus, et n'offrit dès lors qu'un amas de ruines, qu'on peut regarder comme les plus magnifiques et les plus anciennes qui existent sur tout le globe. Les plus considérables sont à l'est du Nil, et les principales sont celles d'un temple dont on trouve la description dans le beau travail de la commission d'Egypte; ses immenses colonnes et ses murs sont couverts d'hiéroglyphes. Ce temple est renfermé dans le village de Karnac. D'autres ruines remarquables sont celles d'un second temple situé à Aboubadjadj. Sur la même rive, on voit, à Louqsor, un palais où l'on distingue principalement des obélisques d'un seul bloc. A l'ouest du Nil, on remarque beaucoup de ruines et des avenues marquées par des restes de Sphynx. Le magnifique édifice qu'on appelle le palais de Memnon, est à Cournèle, sur la même rive du Nil : quelques-unes de ses colonnes, chargées d'hiéroglyphes, ont quarante pieds de haut et neuf pieds de diamètre. Derrière le palais est le passage nommé Biban-el-Molouk, qui conduit dans les montagnes ; à l'extrémité de ce passage sont les fameuses cavernes qu'on regarde comme les tombeaux des anciens rois égyptiens des 18ᵉ et 19ᵉ dynasties.

Tacite raconte que Germanicus étant en Thébaïde, avait considéré avec admiration une statue de Memnon, qui rendaient des sons articulés, lorsque les rayons du soleil commençaient à la frapper. Strabon dit aussi les avoir entendus, mais il doute qu'ils vinssent de la statue, dont aujourd'hui l'on ne voit que des restes mutilés. C'est Cambyse qui la fit briser, vers l'an 524 avant l'ère vulgaire. Une partie est encore sur pied, et l'autre est dispersée par terre autour de sa base. Le sol vocal que rendait la statue de Memnon était une jonglerie sacerdotale. Elle perdit la voix à l'époque où les empereurs chrétiens dépouillèrent ses prêtres de leurs richesses et de leur crédit. M. Langlès y voit un emblème du soleil du printemps.

J'emprunte encore à l'expédition d'Egypte la description suivante : « Thèbes, cette cité toujours enveloppée du voile du mystère, par lequel les colosses mêmes sont agrandis ; cette citée réléguée que l'imagination n'entrevoit plus qu'à travers l'obscurité du temps, était encore un fantôme si gigantesque pour nous, que l'armée, à l'aspect de ces ruines éparses, l'arrêta d'elle-même, et, par un mouvement spontané, battit des mains, comme si l'occupation des restes de cette capitale eût été le but de ses glorieux travaux, eût complété la conquête de l'Égypte. Je fis un dessein de ce premier aspect, comme si j'eusse pu craindre que Thèbes ne m'échappât, et je trouvai, dans le complaisant enthousiasme du soldat, des genoux pour me servir de table, des corps pour me donner de l'ombre, le soleil éclairants de rayons trop ardents une scène que je voudrais peindre à mes lecteurs, pour leur faire partager les sentiments que me firent éprouver la présence de si grands objets, et le spectacle de l'émotion électrique d'une armée composée de soldats dont la délicate susceptibilité me rendait heureux d'être leur compagnon, et glorieux d'être français.

« La situation de cette ville est aussi belle qu'on puisse se le figurer ; l'étendue de ses ruines ne permet pas de douter qu'elle ne fût aussi vaste que la renommée l'a publié ; le désastre de l'Égypte n'avait pas assez osé pour la contenir, ses monuments s'appuient sur les deux chaînes qui la bordent, et ses tombeaux occupent ses vallées jusque bien avant dans le désert.

« Quatre bourgades se disputent les restes des antiques monuments de Thèbes, et le fleuve, par la majesté de son cours, semble encore fier de traverser ces ruines.

« À quelques pas de la porte d'un temple flanqué de deux mêlés, se voit les restes d'un colosse immense ; il a été méchamment brisé ; car les parties épargnées ont tellement conservé leur poli, et les fractures leurs arêtes, qu'il est évident que, si l'esprit dévastateur des hommes leur eût permis de confier au temps seul le soin de ruiner ce monument, nous en jouirions encore dans tout son entier ; il suffit de dire, pour donner une idée de sa grandeur, que la largeur des épaules est de vingt-cinq pieds, ce qui en donnerait soixante-quinze à la figure entière : exacte dans ses proportions, le style en est médiocre, mais l'exécution parfaite ; dans sa chute, il est tombé sur le visage, ce qui empêche de voir cette partie intéressante ; la coiffure étant brisée, on n'est plus dans le cas de juger, par ses attributs, si c'était la figure d'un roi ou d'une divinité : était-ce la statue de Memnon ou celle d'Osymandias (ils avaient tous deux des temples à Thèbes)?... Il reste un pied de cette statue qui est détaché et bien conservé, très-susceptible d'être transporté, qui pourrait donner en Europe une échelle de comparaison des monuments de ce genre, et faire pendant aux pieds colossals qui sont dans le Capitole, à Rome. »

Parmi ces ruines désertes et silencieuses, dès les premiers siècles de l'Eglise, des hommes pieux cherchèrent des retraites, où ils pussent se livrer, loin du monde corrompu, à la profonde méditation des saintes Ecritures. Pendant la persécution, les tombeaux abandonnés de la Thébaïde devinrent le refuge d'une foule de chrétiens dont la vie entière était un miracle perpétuel. Ces grottes, ou plutôt ces tanières, ces rochers escarpés qui longent la rive droite du Nil, depuis Assouan jusqu'à quelques milles au nord d'Antinopolis, s'étendent l'espace de vingt lieues : à l'est de ces mêmes grottes taillées dans le roc, où l'on remarque des hiéroglyphes qui mettent le sceau à leur antiquité, on ne trouve, jusqu'à la mer Rouge, que de vastes déserts. Plus au nord, et en deçà des limites de l'ancienne Thébaïde, au milieu d'autres déserts, étaient le couvent de Saint-Antoine, la grotte de Saint-Paul, premier ermite ; et autres retraites également consacrés par la pénitence des anachorètes.

Des religieux cophtes se distinguent encore aujourd'hui dans cet horrible séjour, par leur vie austère et digne d'entrer en comparaison avec celle de leurs pieux prédécesseurs.

Je dois rapporter ici quelques exemples de la vie admirable de ces anachorètes; s'il est impossible de les imiter, au moins le récit de leurs vertus chrétiennes offrira-t-il des traits fort intéressants pour mes jeunes lecteurs.

Le nombre de ces hommes pieux fut si prodigieux qu'ils fondèrent des villes, entre autres la merveilleuse Oxinyque, qui seule renfermait vingt mille vierges et dix mille solitaires, sans compter les saintes retraites des environs. Ces grands établissements de piété méritent quelques détails; je les puise dans les citations du célèbre Arnault d'Andilly.

Pacôme, converti sur les ruines de la ville de Thèbes, s'enfonce dans le désert, où il trouve un saint solitaire nommé Palémon. La vie de solitaire est au-dessus de vos forces; je ne mange que du pain et du sel; je n'use ni d'huile ni de vin; je veille la moitié de la nuit, et j'emploie ce temps, ou à chanter des psaumes, ou à méditer l'Écriture sainte, et quelquefois je passe la nuit entière sans dormir. » Ce discours étonna Pacôme sans le décourager. Il dit à Palémon qu'il mettait toute sa confiance dans le secours de celui dont il commençait à porter le joug. Palémon, vaincu, ouvre la porte de son ermitage et présente l'habit de solitaire à Pacôme, qui devient le premier instituteur des moines.

Après lui, Paul, né dans la Basse-Thébaïde, d'une famille très-riche, joignant aux plus vastes connaissances un caractère rempli de douceur, un grand amour du vrai Dieu, habita une grande caverne, dont la porte était ombragée par les branches d'un vieux palmier, et d'où sortait une fontaine qui formait un petit ruisseau clair et limpide. Cette caverne était au fond d'une montagne. Paul qui avait pris la fuite pour se soustraire, à l'âge de quinze ans, à la persécution qui s'éleva sous les empereurs Dèce et Valérien, découvrit sur cette même montagne, aux endroits les plus difficiles à franchir, plusieurs petites maisonnettes, dans lesquelles on voyait encore des enclumes, des marteaux, dont on s'était autrefois servi pour faire de la fausse monnaie. Le palmier fournissait à Paul tout ce qui lui était nécessaire pour sa nourriture et son vêtement. A quarante-trois ans, peut-être quand l'arbre eut péri, Dieu permit qu'un corbeau lui apportât chaque jour un pain comme au prophète Elie. Antoine, âgé de quatre-vingt-dix ans, et vivant dans une autre partie de la Thébaïde, crut un jour que nul autre que lui n'avait passé dans le désert la vie d'un parfait solitaire. Mais, la nuit suivante, Dieu lui révéla en songe qu'un ermite appelé Paul était encore plus parfait que lui, et qu'il devait se hâter d'aller le voir. Dès le point du jour, ce vénérable vieillard, malgré la faiblesse de ses jambes, prit son bâton et marcha au hasard. Déjà le soleil, au milieu d'un océan de feu, était arrivé à son midi, qu'Antoine ne pouvant se résoudre à différer son pénible voyage, se disait en lui-même : « Je me confie en mon Dieu, et je ne doute point qu'il ne me fasse voir son fidèle serviteur, ainsi qu'il me l'a promis. »

Après trois jours de fatigue, il vit une louve qui se glissait le long du pied d'une montagne, cherchant quelque ruisseau pour se désaltérer. Il la suivit des yeux, et, lorsqu'elle fut éloignée, il s'approcha de la caverne où elle venait d'entrer ; mais l'obscurité qui régnait dans ce lieu était si profonde que ses regards inquiets ne purent l'examiner. Après quelques instants de repos, le vénérable vieillard y pénétra et n'entendit aucun bruit, bien qu'il s'arrêtât de temps en temps pour écouter. Enfin, il aperçut de la lumière au fond de cet antre ; alors précipitant ses pas et marchant sur des cailloux, il effraya Paul qui ferma sa porte et refusa de recevoir le voyageur. Antoine se jeta contre terre, sur le seuil, y demeura jusqu'à l'heure de sexte, le conjurant de lui ouvrir, en lui disant : « Ouvrez ; ne savez-vous pas qui je suis, d'où je viens, et pour quel sujet ? J'avoue que je ne suis pas digne de vous voir ; mais si je n'obtiens cette permission, je mourrai à votre porte, et j'espère qu'au moins vous aurez la charité d'enterrer mon corps. »

Paul se laissa toucher et l'admit auprès de lui ; ils s'embrassèrent plusieurs fois en se saluant pas leurs noms, eux qui n'avaient jamais ouï parler l'un de l'autre, et ils rendirent ensemble grâces à Dieu. Ensuite Paul prononça ces paroles : « Voici celui que vous avez cherché avec tant de peine ; un homme dont le corps cassé de vieillesse et couvert de cheveux blancs, est sur le point d'être réduit en poussière. Dites-moi, je vous prie, comment va le monde ; fait-on de nouveaux bâtiments dans les anciennes villes ? quel prince règne aujourd'hui ? y a-t-il encore d'aveugles adorateurs du démon ? » Et comme ils s'entretenaient de la sorte, ils virent un corbeau sur un arbre qui prit son vol et vint poser à terre, devant eux, un pain tout entier. Lorsque l'oiseau se fut retiré, Paul s'écria : « C'est la bonté de Dieu qui nous envoie à dîner ; il y a soixante ans que je reçois la moitié d'un pain ; mais, à votre arrivée, Jésus-Christ a doublé la portion, ce qui prouve combien il s'occupe de ceux qui se sont enrôlés sous sa céleste bannière.

Après avoir rendu grâces à Dieu, ils s'assirent sur le bord de la fontaine pour prendre leur repas, puis ils passèrent toute la nuit en prières.

Le jour suivant, Paul parla ainsi à son hôte : « Il y a longtemps, mon frère, que Dieu m'avait promis que vous emploieriez comme moi votre vie à son service. Mais parce que l'heure de mon plus doux sommeil est arrivée, et sans doute aussi à cause de mon extrême désir de me voir délivré de ce corps périssable, notre Seigneur a daigné vous envoyer pour couvrir de terre ma dépouille, où plutôt rendre la terre à la terre. »

A ces paroles, Antoine fondant en larmes, et poussant d'amers soupirs, le conjura de ne point l'abandonner, ou de demander à Dieu qu'il l'accompagnât en ce terrible voyage de l'éternité. « Vous ne devez pas désirer, lui répondit Paul, ce qui vous est avantageux, mais ce qui est utile à votre prochain. Nul doute que la gloire des cieux ne soit préférable aux profondes ténèbres d'ici-bas ; mais avant qu'il vous soit permis de contempler l'agneau sans tache, il importe au salut de vos frères d'être encore instruits par votre exemple. Si vous le pouvez, je vous supplie d'aller chercher le manteau que saint Athanase vous donna, et de me l'apporter pour me servir de linceul. »

Antoine rempli d'étonnement et de tristesse, lui baisa silencieusement les mains, et partit, les larmes aux yeux. Avant son retour, il vit Paul au milieu des anges, des prophètes et des apôtres, monter au ciel, tout éclatant de lumière. Arrivé à la caverne, il vit le corps du saint à genoux, la tête et les mains élevées vers le ciel. Il crut d'abord qu'il priait et se plaça auprès de lui, mais, selon son habitude, ne l'entendant point soupirer, il reconnut qu'il avait rendu l'esprit... Il enveloppa le corps avec respect, le tira hors de la caverne, en récitant les hymnes et les prières consacrées par l'Eglise catholique en cette triste circonstance. N'ayant aucun instrument pour creuser la terre, il se désolait, lorsque tout-à-coup deux lions accourus du fond du désert vinrent lui lécher les pieds, en poussant de grands gémissements, comme pour témoigner la douleur qu'ils éprouvaient. Antoine, plein de confiance en la protection divine, n'éprouva aucune crainte; on eût dit qu'il se trouvait en présence de deux colombes. Ensuite les deux bêtes sanguinaires se mirent à gratter la terre avec leurs ongles terribles, et firent une fosse capable de recevoir le corps d'un homme. Lorsqu'elles se furent retirées, le vénérable Antoine, chargea, sur ses épaules affaiblies, le corps du saint ermite, et le déposa dans la fosse miraculeuse qu'il referma. Le jour suivant, ce pieux héritier ne voulant rien perdre de la succession de celui qui était mort sans faire de testament, emporta la tunique que Paul avait tissue de ses propres mains avec les feuilles de palmier, de la même manière qu'on fait des corbeilles d'osier.

Nous qui vivons au milieu du bruit et des joies folles du monde, méditons cette vie silencieuse et si mortifiée de saint Paul; tâchons de profiter de cette longue suite de miracles; humilions-nous devant cette vertu inimitable, et, par un prompt retour sur nous-mêmes, rendons-nous dignes de la miséricorde de notre divin Sauveur qui est venu pour aider les faibles et soulager les malades.

Saint Antoine, cet hôte vénérable, ce pieux héritier de saint Paul, naquit en Egypte, d'une famille favorisée de tous les dons de la fortune, et qui avait le bonheur d'être chrétienne. A vingt ans, il perdit ses parents, et resta chargé d'une sœur plus jeune que lui. Antoine sut administrer sa fortune, et veiller au salut de la vierge qui lui était confiée. Cependant, au bout de six ans, étant entré dans l'église, au moment où retentissait ces paroles de l'Evangile : *Si tu veux être parfait, va, rends tout ce que tu as, donne-le aux pauvres, et viens, et me suis, et tu auras un trésor au ciel.* Antoine, comme si le fils de Dieu lui eût adressé cette exhortation, retourna soudain à son logis, vendit tout ce qu'il possédait, en distribua une partie aux pauvres, après avoir réservé l'autre pour sa sœur qu'il mit entre les mains de quelques filles fort vertueuses, pour l'élever avec le plus grand soin. Quant à lui, après avoir vécu d'abord dans un lieu séparé des villages et passé les nuits en prières, il se retira au fond d'un sépulcre dont il ferma la porte et demeura seul. Un de ses amis lui apportait du pain, du sel et de l'eau: quoique le pieux solitaire ne mangeât qu'une fois par jour, souvent il s'imposait encore un jeûne plus rigoureux. C'est alors qu'il fut agité de visions épouvantables et que les démons prirent la forme de monstres affreux, pour le troubler et lui faire abandonner sa lugubre solitude. Mais le saint, à l'aide de la prière et du signe de croix, parvint à les mettre en fuite chaque fois qu'ils osaient l'assiéger.

Antoine, persuadé qu'il devait acquérir d'autres titres aux yeux du Tout-Puissant, voulut embrasser une vie plus pénitente. C'est pourquoi il s'enfonça seul dans les déserts les plus arides. Ayant trouvé sur une montagne au-delà d'une rivière, un vieux château tombant en ruines et rempli de serpents, il y établit sa demeure. Tous ces reptiles ne pouvant soutenir la présence du nouvel hôte, quittèrent ce séjour abandonné depuis un grand nombre d'années. Avant d'en fermer l'entrée, Antoine procura du pain pour six mois (les habitants de Thébaïde ont coutume d'en faire qui dure même un an tout entier sans se corrompre); ne manquant pas d'eau, il vécut ainsi un grand espace de temps; car, de six mois en six mois, on lui jetait du pain par dessus le mur de son ermitage. Ceux de ses amis qui venaient pour le visiter, ne pouvant pénétrer dans sa retraite, étaient contraints de passer au dehors et les jours et même les nuits.

Au bout de vingt ans, plusieurs désirant de l'imiter, Antoine sortit enfin comme d'un sanctuaire, où il s'était consacré à Dieu : sa vigueur étonna tous ceux qui le virent; on le croyait atténué par tant de veilles et tant de jeûnes. A sa voix, pleine d'onction, plusieurs ayant embrassé la vie solitaire, bientôt ces affreuses solitudes se peuplèrent d'une infinité d'anachorètes. Saint Antoine mérita du ciel le don des miracles. L'obligation de visiter ses condisciples l'ayant forcé de traverser la fosse d'Asiné qui était remplie de crocodiles, il se mit en prières, et puis le passa, sans que ni lui, ni aucun de ceux qui l'accompagnaient, éprouvassent le moindre mal. De retour à son monastère, il ne diminua ni ses austérités, ni ses travaux, se retirant même dans une solitude escarpée, où il se livrait à la plus dure abstinence, comme s'il eût encore été dans toute la force de la jeunesse. Il y tomba malade, et dit aux deux solitaires qui le servaient depuis quinze ans, à cause de son extrême vieillesse : « Je vois que le Seigneur veut m'avoir auprès de lui, et que je vais, comme il est écrit, entrer dans le chemin de mes pères. Continuez à vivre dans la retraite, et ne perdez pas le fruit de nos saints travaux. » Ayant achevé ces paroles, il rendit l'esprit. Ses deux disciples, selon ses désirs, l'enterrèrent secrètement.

Ce fut encore le désert de la Thébaïde qui cacha dans ses profondes solitudes, une courtisane célèbre, Thaïs, que les instructions de Paphnuce avaient ramenée à la foi. Les longs égarements de cette femme furent effacés par une pénitence qui frappe encore d'admiration, et lui valut une place dans le ciel.

La conversion de Pélagie, autre courtisane, n'est pas moins admirable. Un jour, étant entrée dans une église,

par un sentiment qu'elle croyait de pure curiosité, elle entendit prêcher le bienheureux évêque de Nonne : ce vertueux prélat avait peint avec tant de force quel serait le dernier jugement des pécheurs, que Pélagie, à peine sortie de l'église, lui envoya des tablettes, où ces paroles étaient écrites : « Au saint disciple de Jésus-Christ, une
» pauvre pécheresse, disciple du diable. J'ai appris que
» le Dieu que vous adorez est descendu du ciel sur la
» terre, non pour l'amour des justes, mais pour sauver
» les criminels ; qu'il s'est humilié jusqu'à cet excès que
» de s'approcher des publicains, et qu'il a daigné con-
» verser avec les pécheurs. C'est pourquoi, monseigneur,
» encore que vous n'ayez pas vu de vos yeux mortels,
» Jésus-Christ, ce Sauveur des hommes, qui n'a pas dé-
» daigné de se faire voir auprès d'un puits à cette pé-
» cheresse de la Samarie ; ayant su, par le rapport de
» chrétiens, quelle est votre sainteté, et combien sont
» nombreux les jours que vous avez passé au service
» d'un si bon maître, je vous conjure de vous montrer
» son véritable disciple, en ne fermant point l'oreille à
» mon humble prière ; car vous pouvez me rapprocher
» de lui et m'ouvrir les portes du céleste séjour. »
Le saint évêque lui répondit :
« Dieu connaît tous vos sentiments, toutes vos pen-
» sées, et vous ne sauriez lui rien cacher : ainsi ne
» croyez pas me pouvoir tromper, en me surprenant et
» en abusant de mon ignorance. Mais si vous avez un
» désir véritable de lui plaire, de vous instruire dans
» la foi, et d'entrer dans le chemin de la vertu, et que
» ces considérations vous portent à me vouloir parler,
» vous pouvez venir me voir en la présence des autres
» évêques avec qui je suis ; car je ne saurais vous accor-
» der cette permission d'une autre manière. »
Cette lettre combla Pélagie d'une telle joie, qu'elle

vint, toujours courant, trouver le bienheureux Nonne qui la reçut dans sa cellule en présence des autres évêques. « Je vous conjure, monseigneur, s'écria la pécheresse en tombant à genoux, d'imiter Jésus-Christ, votre maître, en me faisant sentir les effets de votre bonté, et en me rendant chrétienne ; car je suis un abîme de péchés. Je vous demande le baptême. »

Après s'être confessée, Pélagie fut baptisée. Ensuite elle remit toutes ses richesses entre les mains du saint évêque qui les fit distribuer aux veuves, aux orphelins et aux pauvres.

Pélagie ayant appelé ses esclaves, leur donna la liberté et de l'argent, pour qu'ils fussent à l'abri de la misère. Puis, elle se rendit secrètement à Jérusalem, où elle bâtit une cellule sur la montagne des Oliviers, sous le nom de Pélagie : elle y vécut dans une rigoureuse pénitence jusqu'à sa mort.

Rufin, prêtre d'Aquilée, raconte un exemple de sobriété et de charité bien surprenant de la part du désert.

Une grappe de raisin ayant été donnée à saint Macaire, sa charité qui lui faisait rechercher tout ce qui pouvait être utile à son prochain, la lui fit porter à un frère qu'il croyait en avoir plus besoin que lui. Ce dernier rendit grâce à Dieu de cette attention bienfaisante ; mais, ayant aussi plus de soin de son prochain que de lui-même, il porta cette grappe de raisin à l'un de ses confrères, et celui-ci à un autre qui, de son côté, se hâta d'en faire présent à un cinquième : de sorte qu'elle fit le tour de toutes les cellules dispersées dans le désert, jusqu'à ce qu'elle retombât entre les mains de saint Macaire, sans que nul solitaire sût que c'était lui qui le premier l'avait envoyée.

Tels étaient les hommes qui s'étaient volontairement

ensevelis dans ses profondes solitudes. Que leurs méditations devaient être sublimes ! Loin d'un monde pervers, déjà ils habitaient le ciel. C'étaient des anges sur la terre, des amis qui se visitaient une fois dans l'année, pour se donner le baiser de paix ; des sœurs, qui ne rompaient jamais le silence, des femmes délicates, à la fleur de l'âge, qui renonçaient aux vanités du siècle, pour combattre sous le signe de notre rédemption, et se livrer aux durs travaux de la pénitence.

Admirables athlètes, si nous sommes trop faibles pour marcher sur vos traces, recevez du moins nos éloges, nos sincères hommages, et ne cessez d'exciter en nous l'amour du prochain et le pieux désir de nous entretenir aussi avec notre divin Sauveur !

C'est aux environs de Thèbes, non loin de Gournah, sur la rive gauche du Nil, que reposent, dans une vallée qu'autrefois on regardait comme sacrée, les restes de la plupart de ces rois superbes dont nous admirons encore tant d'ouvrages immortels.

Le plus magnifique de ces tombeaux est sans contredit celui dont l'entrée a été découverte par M. Belzoni.

Une longue voûte ou galerie taillée dans le roc, dont les murs sont couverts d'hiéroglyphes, conduit à différents appartements, et de là, à la pièce principale dans laquelle s'est trouvé le superbe sarcophage d'albâtre, qui a été envoyé en Angleterre. Des deux côtés de la galerie d'entrée, se trouvent pratiquées de petites salles où l'on voit des peintures à fresque d'une beauté et d'une fraîcheur si surprenante, qu'on dirait que le pinceau de l'artiste vient de les achever. Ce sont, en général, des allégories où des scènes empruntées à la vie domestique. La plus vaste pièce de ces catacombes, dans laquelle était le sarcophage, est d'une grande élévation, et les murailles sont ornées aussi de peintures bien conservées qui retracent des scènes d'initiation ; l'une d'elles représente la réception du roi par toutes les divinités protectrices de l'Egypte. Tous les contours de ces dessins sont précis et corrects, les couleurs vives et brillantes, les moindres détails soignés et faits avec art. Les vêtements des divinités surtout sont très-habilement traités. On croit avoir sous les yeux des tuniques tissues avec les matières les plus précieuses, et brodées avec le goût le plus délicat ; on y voit aussi des dais et des tapis magnifiques, des instruments de musique et des meubles d'une forme élégante, dans lesquels on reconnaît, au premier coup-d'œil, les modèles imités par les Grecs. Tout ce qu'on découvre enfin dans ces mausolées, fait oublier la distance des siècles, et le voyageur surpris, se demande comment les Egyptiens durent parvenir à ce haut degré de civilisation, d'autant plus surprenant qu'on supposait autrefois qu'ils n'avaient point entretenu de relations commerciales avec leurs voisins. Mais, depuis qu'on a découvert toutes les merveilles de l'ancienne Thèbes, il est évident qu'un commerce fort actif avec l'Inde a pu seul imprimer un mouvement aussi extraordinaire à leur industrie, en faisant refluer chez eux les richesses du monde connu. D'ailleurs, des bas-reliefs de plusieurs monuments ne laissent aucun doute sur l'existence réelle de Sésostris, et sur ses conquêtes dans l'Inde. L'affinité qui existe entre la mythologie égyptienne et celle des Indous, et le système des castes, presque le même chez les uns et les autres, prouve assez combien doivent être anciennes les relations des deux peuples, et il ne resterait plus qu'à découvrir lequel des deux a devancé l'autre dans la carrière de la civilisation.

Un grand nombre d'Arabes habitent maintenant ces hypogées qui, après avoir servi de tombeaux aux monarques et aux grands de l'ancienne Thèbes, ont offert un asile, pendant les premiers temps de l'Eglise, aux pieux anachorètes qui, plus d'une fois, changèrent Osiris en saint, et transformèrent en vierge la figure d'Isis. Ainsi, la Thébaïde, où les Juifs, conduits par Moïse, avaient subi l'esclavage et la persécution, servit de refuge aux premiers apôtres du christianisme.

Le temple de Silsilis (*Selseleh*), était également situé dans la Haute-Egypte.

Selon une ancienne tradition, les Egyptiens y tendaient une chaîne sur le Nil, pour faire payer un tribut aux navigateurs qui voulaient descendre ce fleuve. Les carrières taillées dans les rochers lybiques, sont admirables. La pierre y est d'un grain très beau ; son intégrité permettrait d'en détacher des blocs énormes, sans avoir à craindre des fentes ou des cassures. C'est à cela (et au climat) que l'on doit la conservation des nombreuses constructions égyptiennes. A en juger par leur étendue ces carrières ont été exploitées pendant un grand nombre de siècles. Après avoir été fouillées en tout sens, elles-mêmes ont été décorées de monuments. Les rochers des deux rives sont couverts de petits portiques, de colonnades élégantes, de tableaux hiéroglyphiques, de tombeaux parmi lesquels il en est de très vastes, renfermant une foule de statues. Le stuc colorié est conservé dans un grand nombre de ces hypogées.

La plupart de ces sépulcres ont été dévastés par les voyageurs, qui en ont pris tout ce qu'ils pouvaient emporter : aussi ne peut-on se défendre d'une impression pénible en voyant tous ces ravages. Méhémet-Ali, visitant les ruines de Gournah, s'indigna de voir sur le sol une foule de débris de momies, et s'écria d'une voix pleine d'indignation : *Ces corps n'ont-ils pas été des hommes comme nous ? On ne songe qu'à former des collections, et l'on jette sans respect des ossements humains qui devien-*

nent la proie des animaux : qu'on couvre de sable tous ces débris !

C'est à quelques lieues seulement des rochers de Selseleh que se trouve le village d'Edfou, autrefois l'*Apollinopolis-magna*. Les ruines de cette antique cité ressemblent de loin à une citadelle immense, destinée à dominer le pays. La rue principale du misérable village moderne, conduit, à travers des landes desséchés, jusqu'à l'entrée du temple d'Apollinopolis. C'est, après Karnak, le monument le plus vaste de l'Egypte; sa conservation même prouve qu'il ne date pas d'une antiquité fort reculée. Les sculptures indiquent qu'il fut construit à l'époque de la décadence des arts dans ce pays. Toutes les parties de ce gigantesque édifice sont magnifiques. Un village arabe est bâtie sur les combles de ce temple, et lorsqu'on voit ce monument habité aujourd'hui par des hommes à moitié sauvages, dont les demeures sont accolées, comme autant de nids de guêpes, à des constructions d'un travail si précieux, on sent plus vivement que jamais la différence entre l'Egypte actuelle et l'Egypte d'autrefois, qui a précédé le monde entier dans toutes les découvertes, dans les arts, dans toutes les sciences humaines.

Parmi les monuments égyptiens que les siècles ont épargnés, les temples d'Esné et de Denderah sont ceux que les savants attachés à la mémorable expédition française, ont étudiés avec le plus grand soin. Ce fut le général Desaix qui, poursuivant à travers les solitudes de la Thébaïde les débris du corps de Mourad-Bey, découvrit le planisphère sculpté en relief dans une des salles supérieures du temple de Denderah. M. Denon, qui partageait les périls et les fatigues de la division Desaix, fit de ce monument un dessin qui, parvenu en France, devint l'objet de nombreuses controverses pour les savants.

Dans le cours de l'année 1820, alors que les archéologues s'occupaient avec le plus de zèle de mettre à profit la protection que leur accordait le pacha d'Egypte, le projet de conquérir, pour la France, le zodiaque circulaire de Denderah, fut conçu par M. Saulnier fils, qui s'associa M. Lelorrain.

Au commencement du mois d'octobre de cette même année, M. Lelorrain s'embarqua pour Alexandrie, avec des instruments de travail, tels que des scies, des ciseaux, des crics et un traîneau de nouvelle invention. Arrivé au Caire, il se présenta au pacha en annonçant seulement l'intention de faire des recherches d'antiquités dans la Haute-Egypte. Méhémet-Ali lui accorda des lettres de recommandation pour Achmet-Pacha, gouverneur de cette province, et un firman en langue turque.

M. Lelorrain, muni de ce passeport, et ayant nolisé un bateau, partit du Caire, le 12 février, avec un interprète et un janissaire de la garde du pacha, pour veiller à la conservation de ses effets et de ses outils. Après une navigation de près d'un mois, il arriva, au milieu de la nuit, à Denderah, où il reçut du cheick de cette bourgade une hospitalité digne des temps antiques.

Denderah est un bourg arabe, situé sur la rive occidentale du Nil, à cent quarante lieues du Caire, et vingt lieues de Thèbes. Les ruines de l'ancienne Tyntiris, autrefois une des plus grandes villes de l'Egypte, n'en sont éloignées que d'une demi-lieue.

C'est dans celle du temple de Tyntiris, désigné aujourd'hui sous le nom de grand temple, et anciennement dédié à Isis, que se trouvait le zodiaque circulaire, objet du voyage de M. Lelorrain.

Des voyageurs anglais s'étaient arrêtés depuis quelque temps à Denderah, pour dessiner diverses parties du grand temple. M. Lelorrain ne voulut pas commencer

son entreprise devant eux, de peur d'éveiller les soup-
çons de certains amateurs de monuments antiques, qui
avaient quelque pouvoir, et lui auraient vraisemblable-
ment suscité des entraves : il se dirigea vers Thèbes ; le
18 avril, il était de retour à Denderah, d'où les Anglais
étaient partis. Il fit d'abord scier le planisphère avec le
carré dans lequel il était enfermé. On avait supposé,
d'après l'ouvrage de la commission d'Egypte, que la to-
talité du plafond était composée de trois pierres ; le monument occupait entièrement une de ces pierres et le
quart environ de celle du milieu. La pierre était dure,
on fit usage de poudre pour faciliter et accélérer le travail. On ne pouvait pas scier plus d'un pied de pierre
par jour : les côtés à scier avaient ensemble vingt-quatre
pieds. M. Lelorrain, accablé de fatigue et épuisé par la
chaleur, tomba malade : une fièvre violente fit désespérer
de ses jours ; mais un Arabe le guérit avec le suc d'une
plante.

Dès le premier jour, M. Lelorrain avait fait soutenir
le monument par un échafaudage intérieur. Lorsque les
quatre côtés furent sciés, il fit réduire avec le ciseau, à
un peu moins de la moitié, l'épaisseur des deux pierres
sur lesquelles le zodiaque est établi ; et puis, au moyen
des crics et des cordages dont il était pourvu, on les
amena successivement sur la terrasse. Ces travaux péni-
bles furent terminés en vingt-deux jours.

Le transport du zodiaque jusqu'au Nil, éloigné de
deux lieues, offrit de grandes difficultés, à cause des
amas de débris de monuments et des inégalités du terrain : souvent il fallait plus de douze heures pour faire
avancer le traîneau de cinquante à soixante pas. Ce ne
fut qu'après seize journées de difficultés sans nombre, et
grâce au secours de cinquante Arabes, qu'on atteignit le
bord du Nil : on rencontra de nouveaux obstacles qu'il

serait trop long d'énumérer. Par exemple, au moment
du départ, le reiss ou patron de la barque prétendit que
les eaux étaient trop basses; il avait reçu, d'un archéo-
logue rival, mille piastres turques pour retarder le voyage
de M. Lelorrain : celui-ci donna la somme et l'on partit.
Au Caire, M. Salt, consul-général d'Angleterre, chercha
vainement à obtenir le zodiaque du pacha. Quelques
Turcs, attachés à la personne de Méhémet-Ali, ne con-
cevaient pas comment *deux pierres* pouvaient être l'objet
de contestations semblables dans un pays ou, disaient-
ils, il y en avait pour tout le monde.

Le 18 juillet 1821, le zodiaque fut embarqué à
Alexandri e; le 9 septembre suivant, il entra dans la rade
de Marseille, et, au commencement de 1822, les deux
pierres précieuses arrivaient à Paris.

Acheté par le gouvernement, le zodiaque est aujour-
d'hui placé contre la muraille d'une salle de la Bibliothèque nationale, située au rez-de-chaussée. L'ensemble
du planisphère de Dendérah présente l'image d'un grand
cercle inscrit dans un carré ; dans tous les sens il a sept
pied neuf pouces de développement; le diamètre du cercle intérieur est de quatre pieds neuf pouces.

Ce monument est divisé, comme il est dit plus haut,
en deux morceaux : l'un contient environ les trois quarts
de la largeur totale, et l'autre le quart seulement. Le
planisphère est un grès d'un grain compacte, mais cependant assez friable à la surface.

Vers le milieu du cercle intérieur, on voit les douze
constellations zodiacales, rangées sur une ligne à peu près
circulaire, se terminer en forme de spirale. Le Lion ouvre la marche; auprès, mais un peu au-dessous, est
l'Ecrevisse rentrant dans le cercle des douze signes. Dans
l'intérieur sont les constellations boréales, parmi lesquelles on distingue facilement la grande Ourse, placée assez

exactement au milieu du planisphère. Cette constellation, selon Plutarque, était appelée l'astre de Typhon, et
l'on retrouve ici un animal monstrueux avec une tête et
un corps d'hippopotame, animal consacré à Typhon. Pour
les autres constellations boréales, qui sont au nombre de
dix-neuf, elles n'offrent presque aucun rapport de forme
avec celles qui sont représentées par nos sphères. Cinq
autres astérismes se trouvent placés au milieu des signes
du zodiaque, précisément sur la même ligne. Pour les
constellations inférieures, quatorze sont placées dans le
champ du planisphère, immédiatement au-dessous des
constellations. Les autres au nombre de trente-sept, sont
toutes sur le bord extrême du cercle intérieur, la tête
tournée vers le centre. Toutes les figures marchent dans
le même sens, et elles décrivent des cercles qui s'agran-
dissent du centre à la circonférence, de sorte que le pôle
est facile à reconnaître.

Les trente-sept constellations qui environnent le planisphère sont toutes accompagnées d'un certain nombre
de caractères hiéroglyphiques qui, sans doute, contiennent leurs noms.

Le cercle entier est porté par douze figures distribuées
aux huit principaux points de la circonférence, les bras
étendu, comme pour soutenir le planisphère. Aux angles
du carré, sont quatre femmes debout, et à chacun des
points intermédiaires on voit un groupe de deux hommes
à tête d'épervier et agenouillés. Une grande bande circulaire, entièrement remplie de caractères hiéroglyphiques,
mais coupée en huit portions par les figures de support,
environne toutes les représentations célestes ; d'autres
bandes d'hiéroglyphes, en nombre irrégulier, sont vers
les quatre angles, auprès des figures de femmes. On
trouve, dans l'espace qui sépare la bande circulaire du
planisphère proprement dit, deux courtes séries d'hiéro-

glyphes qui s'avancent en saillie'; elles sont situées aux deux angles opposés., mais l'une à droite et l'autre à gauche de la diagonale ; dans les angles, on voit encore quelques autres signes dont on ne sait point la valeur.

La teinte générale du monument est celle de l'âtre d'un foyer. Les flambeaux des initiés et des voyageurs ont communiqué aux deux pierres des nuances qui ne leur sont pas naturelles.

Les discussions élevées dans le monde savant, relativement au degré d'antiquité que l'on doit accorder au zodiaque de Denderah, ont longtemps occupé l'attention publique. Parmi les écrivains les plus célèbres qui aient émis des opinions plus ou moins erronées sur cet important sujet de l'archéologie , on compte Dupuis , Volney, l'abbé Testa , Visconti, Laplace, Fourier, Saint-Martin, Lalande, Cuvier, Savigny, Francœur, etc.

Les vestiges du temple d'Esné offrent deux autres zodiaques bien plus anciens, dont les figures font supposer qu'à l'époque de l'édification de ce temple . le solstice d'été pouvait être à la limite des constellations de la Vierge et du Lion.

Selon quelques érudits , les Indes ont été le berceau de la civilisation et de l'astronomie ; cette opinion se trouve fortifiée par la remarque que sur le zodiaque trouvé dans les souterrains de la pagode de Sallète (*Elephanta*), la Vierge annonce le solstice d'été.

Les peuples de l'Inde qui paraissent avoir eu , dès la plus haute antiquité , des relations avec les Perses et les Chinois , connaissaient la précession des équinoxes. Il existe encore chez eux quelques monuments curieux, qui furent consacrés au culte du soleil ou de Mithra , et qui datent d'un grand nombre de siècles avant notre ère. Les brames, comme les prêtres égyptiens , étaient les dépositaires des connaissances astronomiques, et il est digne de remarquer qu'ils étaient tellement avancés dans cette science, que les valeurs de la précession et de la longueur de l'année assignées par eux, diffèrent très peu de celles qui sont dues au progrès de l'astronomie moderne.

Le nom de zodiaque vient d'un mot grec qui signifie *animal*, parce que plusieurs des signes qu'on y a figurés sont des animaux.

M. Bailly croit la division du zodiaque en douze parties égales, antérieure au déluge. D'autres ne la fixent qu'après cette catastrophe fameuse ; plusieurs l'attribuent aux Égyptiens, et prétendent que les douze signes étaient les symboles des douze grands dieux de cette contrée célèbre. Enfin, il y en a, et notamment Laplace, qui pensent que les Grecs, treize ou quatorze siècles avant l'ère chrétienne, avaient partagé le ciel en constellations, et que c'est à cette époque que la sphère d'Eudoxe doit être rapportée.

A l'origine du zodiaque, ses douze signes correspondaient exactement aux douze constellations de mêmes noms ; mais, par suite du mouvement de précession des équinoxes, le soleil, au commencement du printemps, se trouve maintenant dans la constellation des poissons, quoiqu'il soit dans le signe du Bélier.

On trouve le zodiaque parmi les sculptures des églises gothiques. Dupuis a décrit celui de l'église de Notre-Dame de Paris ; Lalande a donné des détails sur le zodiaque de l'église de Strasbourg ; il en existe un, fort anciennement sculpté, à l'une des portes latérales de l'église cathédrale d'Autun.

Avant de quitter les ruines de Thèbes, je dois consigner ici un passage de Diodore de Sicile :

« Nous avons entendu dire que plusieurs rois d'Egypte eurent à cœur d'orner cette cité de riches ouvrages d'or, d'argent et d'ivoire, ainsi que d'une multitude de statues colossales, de sorte qu'il n'y avait pas sous le soleil une ville où l'on comptât un si grand nombre de colonnes d'une seule pierre. Les bâtiments ont subsisté jusque dans les temps modernes ; mais l'or et l'argent et tout le luxe de l'ivoire et des pierres précieuses furent pillés par les Perses, lorsque Cambyse mit le feu aux temples de l'Egypte. Les richesses de ce pays étaient si grandes à cette époque. qu'après le pillage et l'incendie, on retira des décombres plus de trois cents talents d'or, et deux mille trois cents talents d'argent. »

Les restes que je viens de décrire, les ruines qui, de loin, frappent même d'admiration, semblent ne subsister que pour exalter la gloire de l'antiquité, qui sut allier à la justesse des proportions, à la solidité prodigieuse, la grandeur cyclopéenne de ces monuments, qu'aucune œuvre moderne ne peut effacer, ni même balancer. C'est un défi que les siècles accumulés portent à l'impuissance de notre prétendue civilisation.

En Egypte, l'administration de la justice était un des principaux fondements du bonheur public. Trentes juges choisis dans les trois capitales du royaume, Héliopolis, Memphis et Thèbes, formaient un tribunal infiniment respecté. Le roi fournissait à leur entretien, et leur faisait jurer de ne pas lui obéir s'il ordonnait une sentence injuste. Les affaires se discutaient par écrit, de peur que l'éloquence ne fît illusion. Le président tenait une figure de la Vérité, dont il touchait celui qui gagnait sa cause. C'était un signe que la vérité seule dictait les arrêts.

Parmi les anciennes lois des Egyptiens, quelques-unes sont remarpuables :

Le meurtre volontaire et le parjure étaient punis de mort.

L'adultère était regardé comme un crime des plus nuisibles à la société ; l'homme qui l'avait commis recevait mille coups de verges et l'on coupait le nez à la femme.

Les soldats coupables de lâcheté n'étaient punis que par des marques d'infamie , parce que l'honneur surtout doit animer les gens de guerre.

Quiconque avait pu sauver un homme des mains des meurtriers, était puni de mort s'il ne l'avait pas fait, et la ville la plus proche du lieu où se trouvait le cadavre était obligée de lui faire des obsèques dispendieuses.

Le calomniateur subissait la peine qu'aurait subie l'accusé, s'il eût été convaincu.

Un père, assez dénaturé pour avoir donné la mort à son enfant, était condamné à tenir le cadavre dans ses bras trois jours et trois nuits de suite, au milieu de la garde qui l'environnait.

Les biens, et non la personne du débiteur, répondaient de la dette. Asychis, pour empêcher les emprunts, d'où naissent la fainéantise , les fraudes , la chicane , rendit une ordonnance par laquelle il n'était permis d'emprunter qu'à condition d'engager le corps de son père. C'était une impiété et une infamie de ne pas retirer promptement un gage si révéré : celui qui mourait sans avoir rempli ce pieux devoir, était privé de la sépulture.

Chaque particulier était tenu de marquer sa profession sur un registre public, et de déclarer ses moyens d'existence. Celui qui avait fait une fausse déclaration, ou qui ne pouvait prouver qu'il vivait par des moyens honnêtes, était puni de mort.

Les professions étaient héréditaires, sans qu'il fût permis d'en jamais changer ; chaque métier avait son canton qui lui était assigné.

La course à pied, les courses à cheval dans les chariots

se pratiquaient en Egypte avec une adresse admirable : ces exercices donnaient une forte constitution à la jeunesse.

L'Egypte entretenait quatre cent mille soldats, qu'elle exerçait avec beaucoup de soin. La profession de la guerre passait de père en fils comme les autres, et l'on sait qu'après les familles sacerdotales, celles qu'on estimait le plus, c'étaient les familles destinées aux armes. Ce n'est pas que l'Egypte fût guerrière : elle n'avait de soldats que pour sa défense.

La philosophie des Egyptiens remontait jusqu'au premier être ; ils le représentaient sous la figure d'un homme qui tenait un sceptre, et de la bouche duquel sortait un œuf ; cet œuf était le symbole du monde : on le trouve chez les Chaldéens, les Perses, les Indiens, les Grecs et les Chinois.

Les prêtres d'Egypte avaient un pouvoir absolu. Lorsque la famille régnante venait à s'éteindre, il fallait élever un prêtre sur le trône : on pouvait choisir un militaire, mais il fallait être agrégé au corps sacerdotal.

Les Egyptiens conservèrent toujours les mœurs les plus pures, un grand respect pour les pères et mères, ainsi que pour les vieillards ; mais ils avaient une vanité nationale qui leur faisait abhorrer les étrangers et les coutumes nouvelles.

Dans les repas on apportait un cercueil où était une figure de mort en bois ; on la représentait à chacun des convives, en lui disant : *Buvez et réjouissez-vous, car voilà ce que vous serez un jour.*

Les Egyptiens, pour reconnaître leurs terres couvertes par le débordement du Nil, eurent recours les premiers à l'arpentage, qui bientôt les conduisit à la science de la géométrie.

Les sages de l'Egypte avaient étudié le régime qui

rend les esprits solides et les corps robustes. Pour y réussir, ils employaient principalement la frugalité et les exercices. Aussi Hérodote assure-t-il avoir vu, dans un champ de bataille, les crânes des Perses aisés à percer, et ceux des Egyptiens plus durs que les pierres auxquelles ils étaient mêlés.

L'écriture consistait d'abord en hiéroglyphes, c'est-à-dire en un grand nombre de figures qui représentaient confusément les objets. Quand on connut les caractères alphabétiques, une des plus belles inventions de l'esprit humain, les prêtres conservèrent l'usage des hiéroglyphes, afin de mieux cacher leur science au vulgaire.

Les Egyptiens écrivaient sur du *papyrus*, plante qu'ils préparaient pour cet usage. La manière dont ils faisaient cette préparation a fourni un vaste champ aux dissertations des antiquaires.

Jadis le papyrus était commun en Egypte ; il y est devenu fort rare, mais le lotus espèce de nénuphar, plante consacrée aux dieux, couvre encore de ses larges feuilles les eaux du Nil , surtout dans le Delta, au temps de l'inondation.

VI

Enfin, nous quittâmes le Caire et la vallée des Pyramides. Une barque, après avoir tournoyé en cercles irréguliers, malgré ses quatre rameurs, malgré ses deux voiles et son gouvernail peu maniable, nous fit d'abord franchir *Ouardan*, ensuite *Terrani*, puis *Nadhir*, placée presque à l'entrée du canal de Ménouf, qui réunit ce bras du Delta à la branche de Damiette. Le surlendemain nous traversâmes l'embouchure du canal construit par Alexandre, pour établir la communication de la ville nouvelle avec le Nil.

A mesure que nous approchions de *Deirout*, le fleuve se rétrécissait visiblement, mais les bords semblaient revêtus d'une plus riche verdure, et les terres voisines paraissaient cultivées avec plus de soin.

Sur les trois heures, nous arrivâmes à Rosette, ou *Raschid* (en arabe), qui a vu naître le poète Claudien.

Les uns représentent cette ville comme triste, dépeuplée, et n'offrant rien de très intéressant ; d'autres, au contraire, la citent comme une des plus jolies villes de l'Egypte, à cause de sa riante situation, sur la rive gauche de la branche orientale du Nil. Les bocages parfumés, les jardins délicieux qui l'entourent, la beauté de son ciel, l'air pur qu'on y respire, l'ont fait surnommer le jardin de l'Egypte.

Voici la description qu'en fait le chevalier Bavia, autrement *Ali-Bey* :

« La ville de Rosette, située sur la rive gauche ou orientale du Nil, est peu large, mais très longue. Ses maisons, comme celles de la campagne, sont en briques, et de quatre à cinq étages, ce qui, réuni au grand nombre de fenêtres et à deux grandes et superbes tours, donne à Rosette l'apparence d'une ville européenne. Si l'on ajoute à ce tableau le voisinage du grand fleuve, et au-delà la perspective du Delta, la beauté du climat et l'excellence des productions, on jugera combien cette ville serait un séjour délicieux si les hommes ne contrariaient pas les dispositions bienfaisantes de la nature.

» La bouche du Nil, près Rosette, forme un admirable tableau. Ce fleuve majestueux roule lentement ses eaux entre deux bords couverts de palmiers, d'arbres de toute espèce, de grandes plantations de riz, et d'une infinité de plantes sauvages et aromatiques, dont les parfums embaument l'atmosphère ; des hameaux, des chaumières, des maisonnettes, sont éparses çà et là de tous les côtés ; des vaches, des moutons et autres animaux paissent ou sont couchés sur la verdure ; mille espèces d'oiseaux font retentir l'air de leurs chants, des milliers de canards, de poules d'eau et d'autres oiseaux de la même famille folâtrent sur l'eau ; et parmi eux vous distinguez de nombreuses bandes de cygnes qui paraissent les souverains de ces peuples aquatiques. »

Pour moi, j'ai trouvé le quai de Rosette vaste, les magasins et autres bâtiments publics assez bien construits. Cette partie de la ville approche de la propreté et de l'élégance européennes. Toutefois, je conviens qu'il y a une grande distance de l'une à l'autre. Les jardins dépendant du palais sont admirables, quoique négligés. Là, comme partout, l'intérieur de la ville ne répond pas à l'impression que fait naître le premier aspect : les traces de la barbarie se révèlent à chaque pas. Les murs de beaucoup de bâtiments sont raccommodés avec des fragments de corniches ou de frises de quelque ancien temple. Un vestibule est formé de fûts renversés de colonnes, tandis que les chapiteaux servent partout de fondements. On évalue le nombre des habitants à vingt-cinq mille, que le commerce occupe et ne peut manquer d'enrichir. La ville ayant plus d'une lieue de long, et presque un tiers dans sa largeur, cette évaluation ne peut être donnée avec certitude. Le commerce paraît ici plus florissant qu'ailleurs. Le transport continuel des marchandises étrangères au Caire, et celui des productions du pays sur la rade d'Alexandrie, imprime au port de Rosette un air d'activité qu'on est bien loin de rencontrer au même degré dans les autres villes de l'Égypte. Les bâtiments employés à la traversée de Rosette à Alexandrie se nomment *Djemers* ; ils sont sans tillac, mais très profonds, et portent une ville latine. Les accidents sont fréquents. Précisément à l'endroit où le Nil se jette dans la Méditerranée est une barre d'environ une lieue de long, qu'on appelle le *Bogaz*, terme qui exprime le mouvement tumultueux des flots. Cette barre est, en beaucoup d'endroits, extrêmement basse, et le déplacement continuel du sable rend très difficile le passage même d'un seul bâtiment.

Rosette rappelle un trait admirable.

Le général Marmont avait donné l'ordre à l'adjudant-général Julien d'évacuer la ville. Celui-ci, persuadé que cette retraite entraînerait la perte de la province, n'abandonna point son poste dangereux. En effet, la garnison, composée de deux cents quinze hommes, était, pour ainsi dire, cernée par une population de douze mille âmes. Le digne officier, sans se dissimuler quelle terrible responsabilité pesait sur sa tête, comptait sur la reconnaissance des habitants dont il avait su captiver la bienveillance ; il ne se trompait pas. Le bruit s'étant répandu dans la ville que les Français songeaient à battre en retraite, une députation de trente-six notables Égyptiens se présenta devant Julien :

« Commandant, lui dit un vénérable vieillard, reste parmi des amis ; tu nous as gouvernés en père, personne ne peut se plaindre de toi ; tu n'as dérobé l'argent d'aucun de nous, tu dois compter sur l'attachement que nous t'avons voué, nous combattrons à tes côtés si l'on vient t'attaquer ; mais, dans le cas où tu partirais, ne t'offense pas si, pour éviter la vengeance des osmanlis, nous nous montrons tes ennemis ; nous serons peut-être obligés de tirer sur toi, mais sois sûr que nos coups ne t'atteindront pas... »

Julien s'empressa de se rendre au désir de l'orateur, dont le langage ne me semble pas moins sublime que celui de l'ambassadeur scythe en présence d'Alexandre-le-Grand.

Bonaparte écrivit à l'adjudant-général Julien une lettre dans laquelle on remarque ce passage : « Je vous félicite, citoyen commandant, de la conduite que vous avez tenue dans cette circonstance difficile ; vous avez rendu un grand service à l'armée. »

Le consul insista vivement pour nous dissuader d'entreprendre le voyage par eau, car la distance n'est que de dix à douze lieues ; aussi, après nous être procuré, non sans des peines infinies, des ânes pour gagner Alexandrie, fîmes-nous nos dispositions pour traverser les sables du désert. Il était tard quand nous partîmes de Rosette ; le soleil s'étant couché, nous suivîmes le bord de la mer par un temps sombre et humide ; le rivage fourmillait de crabes et d'insectes.

A la pointe du jour, nous parcourions le champ de bataille d'Aboukir : c'est un terrain uni et solide : on dirait une place d'armes improvisée au milieu d'un marais.

Aboukir, bâti, selon quelques auteurs, sur les ruines de l'ancienne Canope, est situé entre Rosette et Alexandrie ; ce n'est plus qu'un village avec un château construit sur la pointe d'un cap qui s'avance assez loin dans la mer : cette rade, ce terrain rappellent une bataille navale funeste et un combat non moins glorieux, dont j'ai déjà parlé.

Je dois réparer une omission : il est toujours permis de multiplier les citations, même tardives, quand il s'agit d'un fait qui honore la France.

Après la bataille d'Aboukir, Hercule, surnommé Domingue, chef d'escadron des guides à cheval, qui s'était distingué au pont d'Arcole, fut nommé lieutenant-colonel. Il reçut les épaulettes des mains de Bonaparte, qui voulut les lui attacher lui-même.

Pendant cette bataille, Bonaparte le fit approcher : Es-tu toujours brave ? lui dit-il. — Vous me connaissez, répondit Domingue, vous n'avez qu'à me mettre à l'épreuve. — En ce cas, je vais te donner un détachement, et tu vas sabrer cette canaille (il montrait environ mille cavaliers turcs), et enlever cette redoute. »

Domingue part avec vingt-cinq hommes, sabre les canonniers sur leurs pièces, s'élance de la redoute qui lui avait été désignée dans une redoute voisine, et de celle-ci dans une troisième, et s'empare ainsi de toute la ligne des retranchements ennemis. Après cette action héroïque, Bonaparte lui reprocha d'avoir outrepassé ses ordres : « Que voulez-vous ? lui répondit Domingue, nous étions en si bon chemin ! »

Alexandrie s'annonce par des décombres et des nuages de poussière. Avant d'entrer dans la ville, une enceinte, que l'on traverse, présente une scène de désolation qui surpasse toutes celles qui affligent les regards en ce malheureux pays. Des cabanes détruites, des temples renversés en remplissent la plus grande partie ; les débris, usés par le temps, les débris, hélas ! de l'antique magnificence gisent en masses confuses à côté des traces de dévastation plus modernes. Le plan des nouveaux remparts a été conçu d'après les principes de nos fortifications européennes, mais l'exécution en est bien inférieure. Au moment où nous allions passer sur le pont-levis, on allait fermer les portes. Nous avions une retraite préparée chez un riche négociant de Marseille ; M. Deguette nous reçut avec un empressement qui nous combla de joie. Il faisait chaque année un assez long séjour dans cette ville. Sa demeure était petite, mais étincelante de tout le luxe oriental : rien n'y manquait. Après tant de fatigues, j'avoue que je ne fus pas fâché de me trouver dans une habitation féerique, où l'on était servi comme par enchantement. Ce que nous ne dédaignâmes pas d'abord, ce fut un excellent souper qui nous rappela notre bonne cuisine de France. Nous portâmes de joyeux toasts à notre chère patrie avec des vins de Bordeaux et de Champagne. Notre hôte était aimable, enjoué, instruit; aussi sa conversation et notre grand appétit furent-ils le double assaisonnement de ce délicieux repas. A Alexandrie, on oublie les plus grands événements pour ne s'occuper que de Méhémet-Ali, dont la fortune est depuis longtemps liée à celle de l'Egypte. En effet, que ce grand homme succombe, le pays qu'il a ravivé, comme le gaz qui, après avoir illuminé les riches quartiers de Paris, plonge tout dans de profondes ténèbres en s'éteignant; de même l'Egypte, pour une longue suite de siècles, retombera dans un honteux esclave; en vain cette mère des arts et des sciences aura-t-elle brillé d'un nouvel éclat. Un auteur a eu raison de dire que l'insouciance des Turcs a fait plus de mal à la civilisation que la lime des temps.

M. Degueîte, admirateur enthousiaste du vice-roi, nous fit cet abrégé de sa vie :

« L'Egypte, jadis si grande, si florissante, si merveilleusement belle, courbée sous le joug des Turcs, n'avait plus aucun souvenir de sa gloire passée, ne songeait pas même à briser ses fers, tant l'esclavage l'avait abrutie et dégradée... Il fallait un miracle pour la réveiller... Méhémet-Ali l'a opéré.

» D'une condition obscure, cet homme supérieur fut d'abord marchand, puis soldat; son courage, son adresse lui acquirent une telle réputation, que le consul de France le signala, dit-on, à l'arbitre du monde, à Napoléon, comme le futur souverain, le futur régénérateur de l'Egypte. Suivant prudemment l'exemple du héros français, Méhémet-Ali sut gagner la confiance des cheicks, représentants de la population indigène : leur cause était la sienne; son triomphe devait être le leur. Les Mamelucks, les Albanais, soldats indisciplinés de la Porte, étaient les oppresseurs du premier et les concurrents du second. Méhémet-Ali, à force de patience, parvint à ar-

mer les uns contre les autres ces compétiteurs acharnés,
embrassant tour à tour chaque parti, et sortant toujours
vainqueur, quelle que fût l'issue de ces luttes sanglantes.
Après avoir ainsi divisé, affaibli et poussé ses adversai-
à une ruine totale, il se concilia de plus en plus, par une
ferme et juste protection, les chefs influents de toute la
population arabe : bientôt, à leurs yeux, il fut un envoyé
du ciel, un second Mahomet ; aussi le portèrent-ils au
rang suprême, dont ce profond politique, par sa vigueur,
par son génie extraordinaire, s'était lentement assuré la
possession. La Porte fut obligée de ratifier le vœu populaire et de confirmer la dignité du nouveau pacha, sauf,
plus tard, à le perdre par tous les moyens possibles.
Restaient encore quelques débris des Mamelucks, aux
yeux de qui Méhémet-Ali n'était qu'un usurpateur, n'é-
tait même qu'un traître. Le pacha sut encore tromper
une fois ceux qui avaient juré sa perte. Vous connaissez
ce drame sanglant que beaucoup jugent trop sévèrement.
Méhémet-Ali, resté seul maître de l'Egypte, ne tarda pas
à se déclarer indépendant du Grand-Seigneur. Après
avoir mis son autorité naissante à l'abri de la turbulence
et de la rivalité des étrangers, il ne put trouver dans les
Turcs, dont la population n'excède pas quinze mille
âmes, les éléments d'une force suffisante ; il fut donc
obligé de recruter ses troupes parmi les Arabes, ce qui
était une grande et sage innovation ; car, avant son usur-
pation, un Arabe ne pouvait être soldat. A part les Bédouins, dont le désert protégeait la dignité, le reste était
déchu du droit de porter les armes. Aujourd'hui, l'armée
entière, sauf les chefs, est Arabe, et le vice-roi lui doit
l'affermissement de sa puissance. Ce fut pour les vieux
Turcs de l'Egypte une nouveauté que la transformation
de l'Arabe, véritable paria, en soldat, et l'organisation
de troupes régulières. Jamais l'accord de Méhémet-Ali et

de son fils ne fut plus utile qu'en ce moment. Ibrahim feignit, en présence des Turcs, de ne pas approuver son père, mais, dès que quinze mille Arabes, rapidement instruits et exercés, eurent assuré le triomphe de l'innovation, il les passa en revue, et s'en déclara le général, à la confusion des Turcs. L'admission de l'Arabe au partage de l'autorité la plus subalterne était une nouveauté choquante dont Ibrahim dut éviter adroitement le scandale.

» — Voyons, dit-il un jour en riant, nous avons besoin de caporaux; celui qui courra le mieux, Turc ou Arabe, sera nommé. Turc ou Arabe, vous entendez. — Les Turcs de sourire à la plaisanterie du général, ne croyant pas qu'ils pussent, à aucun jeu du monde, être vaincus par les Arabes; leur agilité cependant se trouva en défaut, et le premier caporal arabe gagna son grade à la course.

» L'avenir de la population fut assuré par les établissements et par les nombreuses écoles que Méhémet-Ali a fondées. Déjà les traditions positives et fécondes de l'éducation industrielles ont produit les plus beaux résultats dans l'arsenal et les chantiers d'Alexandrie, dans les ateliers, dans les manufactures et l'imprimerie du Caire. Dans cette dernière ville, sur les bords du Nil, une vaste école est ouverte aux enfants qui, loin d'être soumis à une rétribution pécuniaire, sont payés pour la fréquenter régulièrement. L'Egypte a maintenant ses écoles de médecine à Abouzabel, d'artillerie à Tora, de cavalerie à Gizeh, du génie civil à Barrage, son école militaire à Damiette; enfin, elle possède aussi les écoles polytechniques de Boulak, celles d'Alexandrie pour la marine et les mines. La majeure partie des enfants et des jeunes gens admis dans ces différents établissements est Arabe. La carrière est ouverte à tous, sans qu'il soit question de rang ou de fortune ; on n'y connaît ni nobles, ni bourgeois, ni prolétaires. Le grade est le prix du mérite. Les élèves y reçoivent l'enseignement des langues, des sciences, des arts de l'Europe ; et les rapides progrès des jeunes Egyptiens excitent l'intérêt de tous ceux qui font des vœux sincères pour la civilisation d'une contrée jadis si célèbre, et depuis si longtemps paralysée par un monstrueux esclavage. La France, surtout, peut se glorifier de la résurrection de l'Egypte ; car elle date des campagnes immortelles de Bonaparte, que tant de héros, de savants avaient accompagné dans cette expédition que l'histoire a burinée sur l'airain, à côté des antiques trophées de la Grèce et de l'Italie. Pour compléter l'œuvre du plus grand génie des temps modernes, une foule de Français sont accourus à la voix de Méhémet-Ali, qui se plaît à rendre justice au vainqueur des Pyramides, car c'est Napoléon qui lui a tracé la route de l'immortalité.

» Méhémet-Ali a noblement compris toute la grandeur de son œuvre, et n'a reculé devant aucune difficulté pour accomplir ses vastes projets. Il a fallu qu'il fût en garde contre des concurrents qui voulaient lui disputer le trône, ou plutôt, il faut qu'il soit sans cesse prêt à repousser les agressions ouvertes ou cachées de la Sublime-Porte.

» Je ne parle point de la quadruple alliance, menaçant d'anéantir l'œuvre qui a coûté tant d'efforts et tant de persévérance. Puissent les craintes que m'inspire l'attitude des puissances jalouses de la prospérité de l'Egypte, ne pas se réaliser ! Dans tous les cas, l'Angleterre seule profitera de ce nouvel attentat au droit des gens. L'histoire est là pour confirmer mes paroles. Méhémet-Ali a surmonté bien des obstacles ; mais le jour des grandes épreuves n'est pas encore arrivé ! Malgré son grand âge, il conserve la même activité ; on voit que la mollesse est loin d'avoir éteint le feu de son esprit. La gloire n'est point pour lui un but d'amour-propre, mais d'intérêt général. L'agitation de ses nuits trahit l'ardeur infatigable de son âme. Il a trouvé dans ses fils, dans ses compagnons d'armes, dans ses sujets de toutes les religions des instruments et des auxiliaires pour la tâche glorieuse qu'il s'est imposée. Non-seulement il a tout créé, mais il s'est formé lui-même; car il n'a jamais eu d'autre maître que son cœur héroïque.

» Certes, l'un de ses plus grands mérites, c'est d'avoir su réunir autour de lui un grand nombre d'Européens capables de le seconder, et de les avoir gagnés, autant par l'éclat de ses vertus que par ses largesses sagement réparties. »

Telle fut la narration, sans doute un peu exagérée, de M. Deguette. Avant de nous séparer, nous eûmes une agréable surprise. Tout à coup, dans une chambre voisine, une musique charmante se fit entendre : ce concert, plus harmonieux que bruyant, dura un bon quart-d'heure, au bout duquel la porte s'ouvrit, et trois jeunes virtuoses s'offrirent à nos yeux sous un costume moitié oriental, moitié européen. Ils nous saluèrent profondément ; notre hôte leur donna quelque argent, après quoi ils se retirèrent en recommençant leurs salutations respectueuses.

« Voilà, nous dit-il, ma distraction de chaque soir. Ce plaisir me coûte peu, et j'ai la satisfaction de soulager trois jeunes Italiens qui ne manquent pas de talents. Ils ont la passion des voyages, et se proposent de parcourir, de cette manière, une partie du globe. Tant qu'ils séjourneront ici, je veux jouir d'une musique qui me rapproche de ma patrie ; car, pour les arts, la France et l'Italie se donnent la main. Vous n'ignorez pas non plus que les Arabes sont passionnés pour la musique, au point qu'ils ne pourraient travailler sans chanter. J'ai donc

moi-même pris goût à cet art qui réjouit l'âme, et qui,
dans ces contrées, a peut-être causé plus de bienfaits
que dans tout le reste de l'univers. Ce n'est point une
opinion erronée, je pourrais en citer mille exemples ; un
seul, assez frappant, suffira. Le cruel Amurat, ayant as-
siégé et pris Bagdad, donna ordre d'égorger trente mille
Persans qui avaient mis bas les armes. Dans le nombre de
ces malheureux se trouvait un musicien célèbre, qui sup-
plia l'officier chargé de surveiller cette horrible bouche-
rie d'en suspendre pour quelques instants l'exécution et
de le conduire en présence de son maître, auquel il dési-
rait parler. L'officier y consentit. Quand le musicien eut
abordé l'empereur, il lui dit :

« — Très-puissant empereur, ne souffrez pas qu'un
art aussi sublime que la musique périsse aujourd'hui
avec *Shahculi*. Je n'ai nul regret de la vie pour la vie
même, mais pour la musique, dont je n'ai pu atteindre
encore toutes les hauteurs. Laissez-moi donc me perfec-
tionner dans cet art divin, et si j'ai le bonheur de parvenir au point où j'aspire, je me croirais mieux partagé que
si je possédais votre immense empire.

» Le sultan lui permit de donner un essai de ses talents. Aussitôt, semblable au chantre d'Homère, il prit
un *scheschdar* (1) ; et, s'accompagnant mélodieusement, il
chanta d'une voix si tendre, si douloureuse, la prise de
Bagdad et le triomphe d'Amurat, que ce prince, ému
jusqu'aux larmes, fit grâce, non-seulement à cet Orphée
persan, mais encore à ses infortunés compatriotes, qui
furent rendus à la liberté.

» Shahculi, admis à la cour d'Amurat, fut comblé de

---

(1) Espèce de psaltérion qui ressemble à la harpe et qui a six
cordes de chaque côté.

faveurs par ce prince farouche, dont il devint même les délices. »

Après ce dernier récit, qui nous frappa vivement, M. Deguette nous fit conduire dans de fort jolies chambres, ou bientôt nous goûtâmes un doux et bienfaisant repos.

Le lendemain, notre premier soin fut de rendre visite au consul de France, qui nous reçut de la manière la plus distinguée. C'est un profond diplomate, mais que les circonstances ont arrêté tout à coup. Son rôle, depuis quelque temps, est assez difficile : l'Orient, on n'en peut douter, est à la veille d'un bouleversement général ; que deviendra la puissance de Méhémet-Ali ? L'influence française aura-t-elle assez de poids dans la balance européenne pour la faire pencher du côté de l'honneur et de la raison ? Le nœud gordien ne sera-t-il point rompu par le sabre des alliés, au lieu de l'être par celui des deux peuples qui sont aux prises, les anciens maîtres, les anciens esclaves ?

Il y a dix ans, le vice-roi était obligé de faire construire ses frégates sur les chantiers de Marseille et de Livourne ; le port d'Alexandrie n'avait pas assez de profondeur pour qu'on pût y lancer des bâtiments de haut bord. Un ingénieur français fut appelé, et ses plans, approuvés le 9 juin 1829, reçurent immédiatement leur exécution. Une partie de la ville abattue et jetée à la mer avança le rivage vers les hauts fonds, et offrit un terrain ferme aux caies de construction ; en avant de ce môle artificiel, on creusa jusqu'à ce que l'eau présentât une profondeur suffisante, A la place du quartier détruit s'élevèrent les établissements d'un arsenal complet : une corderie, des forges, une voilerie, un magasin général, un chantier de mâture et un atelier de boussole, une fonderie de canons furent établis au Caire.

Des charpentiers, des perceurs des calfats, des voiliers, des forgerons, des plombiers, des tourneurs, appelés à grands frais des ports de l'Europe, apprenaient leurs divers métiers à seize cents Arabes réunis en bataillons, et bientôt, de ce rivage, que les corvettes pouvaient à peine approcher, s'élancèrent des frégates et des vaisseaux de premier rang. « Quand j'eus terminé l'*Ibrakim*, de cent canons, raconte M. de Cérisy, son altesse me demanda si les souverains de l'Europe n'arboraient pas leurs pavillons à de plus grands navires ; je répondis qu'ils en avaient encore de plus forts, à trois ponts, et armés de cent vingt canons, mais que le port d'Alexandrie n'était pas assez profond pour recevoir de si hautes carènes. — Qu'on recommence à creuser dès demain, repartit le pacha, et construisez-moi un bâtiment semblable à ceux dont vous me parlez.

Nous fûmes témoins d'une grande scène.

Un vaisseau, débarrassé d'une forêt d'étançons et d'ars-boutants qui le retenaient en équilibre, reposait sur son berceau, il allait être lancé.......
Nous nous crûmes à Brest. En effet, n'avions-nous pas sous nos yeux un des prodiges de l'esprit humain : et cependant nous étions dans le port d'Alexandrie !....

Le levier appliqué sur les côtés du navire a brisé les arcs-boutants..... Le vaisseau, entraîné par son propre poids, glisse avec le bec qui le soutient ; il fait entendre en partant un sifflement épouvantable auquel répond une musique bruyante. Le vaisseau marche ou plutôt il vole ; la fumée, la flamme même qui s'élèvent du chantier annoncent la rapidité de son mouvement et l'étonnante action de son frottement. Déjà la masse a touché les eaux, le berceau s'enfonce, le vaisseau surnage, la place immense qu'il vient d'occuper dans l'onde fait refluer les eaux ; les vagues qu'il soulève s'agitent autour de lui, blanchissent d'écume ses flancs vierges encore, et l'oscillation des flots qu'il déplace va balancer au loin les navires tout à l'heure immobiles ; mille cris de joie se font entendre sur la rive ; une foule de barques entourent le nouveau bâtiment. Ce spectacle imposant, ce vaisseau couvert de fleurs me frappèrent d'admiration ; je me rappelai les strophes suivantes de Chenedollé :

> Fils des forêts et roi des ondes,
> Salut ! ô magnifique et rapide vaisseau,
> Toi, dont le vol hardi, sur les plaines profondes,
> Devance le vol de l'oiseau.

> . . . .

> Si la sombre voix de la guerre
> Retentit et t'appelle à des jeux plus sanglants,
> Tu fais à l'ennemi redouter le tonnerre
> Que tu recéles dans tes flancs.

Le 14 messidor an VI, Bonapate ayant fait opérer le débarquement de ses troupes devant Alexandrie, trois divisions, sous les ordres du général Bon, Kléber et Menou marchèrent au pas de charge vers la ville. qu'elles attaquèrent sur trois points différents. Mohamed-Coraïm, qui s'était fait aimer des Turcs par son intelligence dans les affaires, par sa fidélité éprouvée, mais qui était d'une ignorance absolue dans l'art des combats, avait alors le commandement de cette place. Dans leur course rapide, nos soldats ne furent inquiétés que par quelques Bédouins qui voltigeaient sur leurs flancs et massacraient les imprudents qui restaient en arrière.

Bon fit enfoncer à coups de hache la porte de Rosette, et pénétra dans l'intérieur de la ville. Sur le port Vieux, Menou attaqua le château triangulaire, et Kléber enfin prit d'assaut les remparts. du côté de la colonne de Pompée. Un prompt succès ayant couronné ses efforts et ceux du général Bon, les deux colonnes s'enfoncèrent immédiatement dans les rues, mais là elles trouvèrent une résistance à laquelle elles ne s'attendaient pas. Attirées par les janissaires qui fuyaient devant elles, en lâchant seulement quelques coups de fusils, elles s'avançaient avec confiance, quand soudain, de toutes les croisées des maisons partit un feu meurtrier qui éclaircit en peu d'instants les rangs des Français. C'étaient les habitants qui, à la fois indignés et honteux de la lâcheté des soldats chargés de la défense de la ville, s'étaient faits soldats eux-mêmes, et cherchaient, au prix de leur sang, à venger l'honneur d'Alexandrie.

Cette fusillade étonna un moment nos troupes ; il y eut un temps d'arrêt, mais cette hésitation ne fut que de quelques secondes ; les généraux et leurs compagnons reprirent bientôt leur contenance ferme, et la ville fut occupée et vaincue.

Coraïm, renfermé avec les siens dans le fort du Phare, fut lui-même réduit à demander quartier. Il s'attendait à être traité par nos généraux comme il l'eût été par des barbares ; mais quelle ne fut pas sa surprise de se voir, ainsi que ses officiers accueilli par Bonaparte avec une bienveillance et des égards qui étaient, après tout, une excellente manière de se concilier l'estime des gens dont, par la suite, on pourrait se servir.

Le peuple qui, de même que son gouverneur, redoutait la colère des vainqueurs, manifesta la joie la plus vive, lorsqu'une proclamation du général en chef, pleine de sentiments généreux, vint faire cesser toutes les angoisses et dissiper toutes les terreurs.

Quel ne dut pas être l'étonnement des soldats de la République à l'aspect subit du luxe oriental et de la misère de l'esclavage ! La démarche, les poses, les costumes des peuples d'Orient sont en harmonie avec leur pays. Sous un ciel d'azur, en face d'un horizon ardent et empourpré, foulant un sol qui reflète toutes les couleurs du prisme, inondé d'une lumière limpide et pure sur laquelle toutes les lignes et toutes les nuances ressortent, l'homme a besoin de se montrer digne de ce brillant théâtre et, pour y représenter avec avantage, il s'attache à tout ce qui peut donner du relief à sa beauté.

VII

L'Egypte est le domaine, le monopole du vice-roi, qui peut passer pour l'un des plus riches propriétaires du globe. Le territoire est partagé en districts, affermés à des conditions diverses ; mais les baux sont rarement à longs termes : ainsi les Arabes ne sont point maîtres de leurs moissons ; ils sont tenus de les vendre, et de les vendre au pacha, qui les paie ce qu'il veut. Le raya, qui apporte aux greniers d'Alexandrie deux quintaux de coton, reçoit une faible rétribution, dont il vivra quelques jours, réduit à chercher ensuite, par toutes les ressources de la misère, sa déplorable subsistance.

Nous avons été témoins d'une scène de recrutement.

Le gouverneur de la citadelle reçoit l'ordre d'envoyer à Alexandrie un contingent de trois mille hommes. Aussitôt les portes du Caire sont fermées, les sbires courent les rues, enveloppent, saisissent, entraînent pêle-mêle, sans distinction d'âge, de conditions, tout ce qui se présente. Cette multitude est jetée dans les prisons et gardée sous les verroux. Bientôt les médecins arrivent : tout est de bonne prise. On fait argent de tout : les boiteux, les borgnes, les manchots, sont même enrégimentés pour les usages serviles de la flotte et du camp. Le conseil de révision ainsi terminé, on enchaîne *ces volontaires* par le cou, à la suite les uns des autres ; on attache le bout du câble à la queue d'un chameau, qui les tire après lui comme des gerbes de Doura ; et ces fils de la patrie, entraînés par l'exemple de leur chef de file, marchent à la gloire en pleurant.

Le moyen le plus facile d'obtenir accès auprès de tous les rangs et de toutes les conditions, c'est d'obtenir la réputation d'habile médecin. Pour ceux qui professent l'art de guérir, le harem même n'a plus de barrières.

Savary décrit avec enthousiasme les sensations qu'on éprouve au sortir des bains orientaux : à l'entendre..... *l'imagination, se promenant sur l'univers, qu'elle embellit, voit partout de riants tableaux, partout l'image du bonheur.....*

. . . .

Volney n'est pas de cet avis :

« Il m'a donné (*le bain turc*) des vertiges et des trem-
» blements de genoux qui durèrent deux jours. J'avoue

» qu'une eau vraiment brûlante, et qu'une sueur arra-
» chée par les convulsions du poumon, autant que par
» la chaleur, m'ont paru des plaisirs d'une espèce étrange;
» et je n'envierai plus aux Turcs ni leur opium, ni leurs
» étuves, etc. »

Quand Volney, parti d'Europe pour visiter l'Orient, eut
séjourné quelques mois au Caire, il se rendit en Syrie,
au Liban, et resta quelque temps chez les Druses. Après
avoir reçu des leçons de langue arabe auprès des moines,
il pénétra dans le désert, muni de lettres pour les chefs
de tribus.

Arrivés chez un de ceux auxquels il était particulièrement adressés, il offrit, en l'abordant, une paire de pistolets à son fils, qui les reçut avec reconnaissance.

Dès que ce chef eut lu la lettre que Volney lui avait
remise, il lui prit les deux mains, et les lui serra en disant : « Sois le bien venu : tu peux rester avec nous le
temps qu'il te plaira. Renvoie ton guide, nous t'en ser-
virons ; regarde cette tente comme la tienne, mon fils
comme ton frère, et tout ce qui est ici comme étant à ton
usage. »

Volney n'hésita pas à se fier à l'homme qui s'exprimait
avec tant de franchise : il eut tout lieu de voir combien
les Arabes observaient religieusement les lois de l'hospitalité. Il demeura six semaines au milieu de cette famille
errante, partageant ses exercices, et se conformant en tout
à sa manière de vivre. Un jour, le chef lui demanda si
sa nation était loin du désert ; et, lorsque Volney lui eut
donné une idée de la distance : « Mais pourquoi es-tu
venu ici? lui dit-il. — Pour voir la terre et admirer les
œuvres de Dieu. — Ton pays est-il beau? — Très-beau,
— Mais y a-t-il de l'eau dans ce pays? — Abondamment ; plusieurs fois dans une journée tu en rencontre-
rais. — Il y a tant d'eau ! s'écria l'Arabe émer-

veillé ; il y a tant d'eau en ton pays, et tu le quittes !...»

Volney eût désiré pouvoir passer quelques mois parmi ces bons Arabes; mais il voulait encore voyager et courir, et de plus, et surtout, il lui était impossible de se contenter, comme eux, de trois ou quatre dattes et d'une poignée de riz par jour. Il avait tellement à souffrir la faim et la soif, qu'il se sentait fort souvent défaillir. Les soins étaient tendres, mais la chère était maigre... Volney prit donc congé de ses hôtes, et reçut, à son départ, mille marques de leur amitié; le père et le fils le reconduisirent très-loin, et ils ne le quittèrent qu'après lui avoir fait promettre de venir les revoir. Mais le sort y mit ordre, et leur adieu fut le dernier.

Les Bédouins portent une tunique de laine, sans manches, à raies brunes et blanches ; un turban blanc ou rouge, et des sandales fixées sous les pieds à l'aide d'un cordon de laine ; les femmes mettent un caleçon de toile très-long, une robe de toile bleue, ouverte sur la poitrine ; leur visage, excepté les yeux, est couvert d'une bande d'étoffe noire ; elles jettent par-dessus un voile blanc ; un collier de verre orne leur col, et plusieurs parent le haut du pied de gros anneaux d'argent.

On dit qu'un Arabe s'écria, en passant près du Caire :

« Où est-il, celui qui a bâti les Pyramides ? Qu'est devenue la nation au milieu de laquelle il vivait ? Quelle a été sa fin ? Quel a été le lieu de sa chute ?.... »

Un vieux Cophte, descendant des antiques Egyptiens, est censé lui avoir répondu :

« La vie des morts consiste dans le souvenir des vivants. »

Voici quelques sentences arabes que je crois dignes d'être rapportées :

« Les grands fleuves, les gros arbres, les plantes salu-
taires et les gens de bien ne naissent pas pour eux-mêmes,
mais pour rendre service aux autres.

» La vertu est plus précieuse qu'un océan de per-
les.

» Le sage est toujours assez riche.

» Une seule journée d'un sage vaut mieux que toute la
vie d'un sot.

» Jouis des bienfaits de la Providence, voilà la sagesse;
fais-en jouir les autres, voilà la vertu.

» La poule sauvage ne se désaltère jamais avec
une goutte d'eau, qu'elle n'élève ses regards vers le
ciel.

» Le plus mauvais pays est celui où l'on n'a pas
d'amis.

» Le monde entier est comme une tente; c'est un loge-
ment où l'on reçoit les voyageurs; celui qui néglige de
faire les provisions dont il a besoin pour passer autour,
est un insensé.

» Qui sous sa tente ne reçoit personne, à travers le
désert ne trouvera point de tente pour s'abriter.

» A celui qui donne sur-le-champ une goutte d'eau,
Mahomet accordera une fontaine intarissable.

» Fais le bien, et ne regarde pas à qui.

» Le plus près que l'homme puisse approcher du bonheur dans la carrière de la vie, c'est de posséder la liberté, la santé et la paix du cœur.

» Chaque feuille d'un arbre vert est, aux yeux du
sage, un feuillet du livre qui enseigne la connaissance du
Créateur.

» Les richesses et le monde passeront, mais les bonnes
actions restent.

» La tempérance est un arbre qui a pour racine
le contentement de peu, et pour fruit le calme et la paix.

» Ressemble à la fourmi durant les jours d'été.

» Que ta bouche soit la prison de ta langue.

» Point de repos pour l'envieux.

» Allume ton flambeau avant que les ténèbres arrivent.

» L'omission du péché est meilleure que l'exéution de la pénitence.

» Qui demande à un ami plus qu'il ne peut faire, mérite un refus.

» La libéralité du pauvre est la meilleure.

» Qui ne fait pas le bien dans la prospérité souffre beaucoup dans la disgrâce.

» Combien la vie serait courte, si l'espérance ne lui donnait de l'étendue ! »

J'emprunte à M. Poujalet , auteur de *La Bédouine*, la description d'une tente du cheik ou chef de tribu.

» Elle était formée d'un tissu de poil de chèvre, de trente pas de circonférence, avait pour ameublement des nattes qui servaient de siéges et de lits, des coussins et des couvertures, un petit moulin à bras pour la mouture du blé, un grand vase de bois pour le pilau, quelques plats de vase étamé, quelques jattes de bois, des sacs pour les provisions, des candjars et de longs fusils suspendus par des courroies à des chevilles ; à l'entrée de la tente, deux grosses pierres posées à côté l'une de l'autre, et noircies par le feu, tenaient lieu de potager et de cheminée ; près de là, on voyait une pierre avec un trou au milieu, espèce de mortier où se pilent les grains de café; on y voyait aussi un instrument en fer, semblable à une petite pelle creuse, destinée à faire rôtir le fruit de l'arbre de moka. Quelques chiens vigilants rôdaient autour; des poules, çà et là répandues, becquetaient le sol pour y chercher des insectes ou des grains; des troupeaux de brebis et de chèvres, des chameaux et des chamelles, suivies de leurs petits, passaient dans le voisinage ou s'agenouillaient immobiles; des chevaux et des juments, les uns attachés à des piquets enfoncés dans la terre, les autres abandonnés à leurs caprices, complétaient la physionomie de la tribu.

» En décrivant la tente du cheik, nous avons décrit les autres pavillons groupés autour d'elle : toutes ces habitations se ressemblent, seulement celle du cheik surpasse les autres en étendue, car, souvent, elle réunit les principaux hommes de la tribu. Au moment du péril, et lorsque le départ est annoncé, toutes ces tentes sont pliées en un clin-d'œil, et attachées sur le dos des chameaux. Ce sont ordinairement les femmes qui plantent les tentes dans les lieux de campement; l'établissement d'un camp bédouin est l'œuvre d'un moment.

» Un homme quel qu'il soit, devient sacré, du moment qu'il se réfugie sous la tente de l'Arabe.

» Horeb était autrefois connu dans le désert, par son cœur bienveillant, comme il l'était par son instinct de courage, par sa fière pensée d'indépendance. C'était lui qui rendait plus joyeuses les fêtes en jouant de son rehbab; c'était lui qui rendait plus terrible le désert, en s'élançant le premier sur sa rapide cavale, qui l'emportait au combat. Maintenant, Horeb ne partait plus, il soignait sa cavale, mais c'était pour courir à des combats plus terribles que tous ceux qu'il avait livrés dans le désert. Le soir on le voyait à l'entrée de sa tente, contemplant le soleil qui se couchait à l'extrémité de la plaine; sa pensée se reportait vers un temps où il avait un fils qui habitait avec lui sa tente, qui partageait tous ses travaux; qui, chaque soir, louait Allah de leur avoir donné la liberté dans le désert. Ce fils, la trace de son sang avait été découverte sur le sable, et les vautours avaient fait un repas sanglant de son cadavre; il était tombé victime de la haine qui désolait deux tribus. Horeb pleurait en silence, et c'était en silence qu'il se promettait, au fond du cœur, de tirer une terrible vengeance du meurtrier, une de ces vengeances dont on parle encore dans le désert, quand ceux qui l'habitaient ont cessé de le traverser. Un jour, comme il était seul avec ces douloureux souvenirs, un voyageur se présente devant sa tente; il avait été dépouillé par les tribus d'Ouadelims, et il demandait l'asile qu'on ne refuse jamais dans ces plaines désolées, où l'homme malheureux est un frère que nous envoie, pour quelques heures, celui dont la toute-puissance guide le chamelier à travers cet océan de sable. Horeb recueillit le voyageur, bien qu'il vît à son vêtement que sa nation était une nation étrangère, et que sa tribu n'avait point prononcé les serments d'amitié qui unissent les nations du désert. Il se contenta de lui dire : *Selam aleikoun* (que la paix soit avec toi) ! et lui servit les mets qu'on offre à l'étranger.

» Le repas était fini, et le voyageur, jusqu'alors silencieux, offrait ses actions de grâces au Dieu du désert et à l'hôte qui l'avait reçu, lorsqu'un soupçon terrible entra dans l'âme d'Horeb. Il demeura cependant quelque temps immobile, comme s'il cherchait à se préparer à un grand événement, puis il interrogea le fugitif sur sa tribu : la réponse fut telle qu'un horrible frémissement circula dans les veines de l'Arabe, et qu'il lui sembla que l'haleine dévorante du simoun arrêtait sa vie en desséchant son sang. Une seconde demande lui livra un nom qui le fit rugir comme le lion dans ces plaines. Saisir son poignard et le tirer, en faire l'éclat aux yeux de l'étranger, ce fut l'affaire d'un rapide instant ; mais ce instant apporta avec lui sa réflexion généreuse. «Va, dit-il, va, meurtrier de mon fils, que Dieu te punisse par le remords, s'il ne te punit par le sang ! On n'entendra pas dans le désert le nom d'Horeb mêlé au souvenir du meurtre d'un hôte. Fuis donc, mon hôte, fuis ; le désert est bien grand et l'homme est bien faible. » Il ajouta, dit-on, ces derniers mots d'une voix sourde, en posant encore involontairement sa main sur son poignard.

» Le meurtrier s'enfuit, et l'on dit que, quelques mois après, sa tribu cessa de faire la guerre à la tribu d'Horeb, qu'on appelait, depuis ce temps, l'hôte sublime du désert, » (*Le Brahme, par Ferdinand Denis*).

Tout le monde connaît l'amour des Arabes pour leurs chevaux ; un Arabe prend à cœur l'honneur de sa jument, comme s'il s'agissait de son propre honneur, ou de celui de sa famille.

Un jour, quelques Bédouins avaient quitté le désert pour venir à Damas, acheter des étoffes et des harnais ; ils étaient venus montés sur de belles juments, dont le désert connaissait le nom et la généalogie. Arrivés au bourg de *Bab-Allah*, les Bédouins attachent leurs juments à des barreaux de fenêtres, et s'en vont aux bazars. Pendant qu'ils font paisiblement leurs emplettes dans la ville, voilà qu'un Arabe étranger, passant auprès des juments attachées, frappé et violemment séduit par la beauté de l'une d'elles, la monte en un clin d'œil, et s'échappe avec la rapidité du vent. Les Bédouins, revenus des bazars, ne retrouvent point toutes les juments qu'ils ont laissées ; le maître de celle qui manquait, demande à tous les voisins, qu'est devenue sa jument, qui l'a enlevée. Un artisan qui travaillait dans un atelier situé à quelques pas de là, répond qu'un homme est venu prendre une des juments attachées, mais qu'on ne lui a rien dit, croyant qu'elle lui appartenait. Le Bédouin pleure de chagrin, et demande aussitôt un cheval pour voler, avec ses compagnons, à la poursuite du ravisseur ; ils s'informent de la direction qu'il a suivie, et partent au grand galop.

Après trois heures de la course la plus rapide : « J'aperçois ma jument ! » s'écrie le pauvre Bédouin qui avait perdu sa belle compagne ; on sait que les Arabes du désert ont la vue très perçante, et qu'ils découvrent les objets de forts loin. Les Bédouins pressent leurs coursiers, ils étaient près d'atteindre le ravisseur, lorsque soudain ils voient la jument arrêtée au bord d'une petite rivière qu'elle n'osait traverser. Le ravisseur s'était aperçu qu'on le poursuivait ; il frémissait sur la jument immobile, et le désespoir le gagnait déjà. Le maître de la jument s'inquiète ; il craint que la réputation de son coursier ne reçoive une funeste atteinte, si d'autres coursiers le dépassent dans cette occasion ; il hésite entre la douleur de perdre sa noble bête et la honte qui peut s'attacher à elle ; l'honneur de sa jument triomphe dans son âme : « Pince-lui l'oreille, en lui piquant les flancs ! crie le Bédouin au ravisseur à cent pas de distance, et la jument franchira sans peine la rivière. » Ainsi fait le ravisseur ; la jument franchit la rivière d'un seul bond ; et rapide comme un oiseau, elle vole dans la plaine, et disparaît bientôt à l'horizon. (*Poujalat.*)

Parmi les productions de l'ancienne littérature orientale, il n'en est aucune qui présente aux savants comme aux curieux, plus d'intérêt que le roman d'*Antar*. Ce personnage n'est point imaginaire ; il est connu dans tout l'Orient comme un guerrier très célèbre, et comme l'auteur d'un des sept poèmes (*Mollacat*), suspendu à la Mecque dans la *Caaba*, maison carrée, bâtie, selon les

Musulmans, par Abraham, et par Ismaël, son fils. L'in-
trépidité et la vaillance de ce héros, dit l'historien Abou-
Feda, était le sujet des poëtes anciens. Aucun de leurs
chants n'a été écrit; cependant, on pense qu'ils se sont
conservés dans la mémoire des Arabes jusqu'à l'époque
où Asmaï le grammairien, chargé de raconter des histoi-
res au calife Aroun-Al-Rachid, eut l'idée de rassem-
bler toutes ces traditions orales, pour en faire un corps
d'ouvrage en prose mêlée de vers, sous le titre d'*Antar*.
On voit donc que ce roman-poëme a éprouvé, chez les
Arabes, les mêmes vicissitude que l'*Iliade* en Grèce. On
y retrouve un Achille, des rhapsodes, un Homère et un
Pisistrate.

Le savant M. Hammer, dans son *Catalogue raisonné des
livres de la bibliothèque impériale de Vienne*, parle du roman d'*Antar* comme d'un ouvrage aussi intéressant par
la peinture des mœurs qui s'y trouve, que par la variété
et l'agrément de son style. Il ne balance pas à dire que
la connaissance de ce livre est indispensable pour apprendre quelque chose de certain sur le caractère, les habitu-
des et les mœurs des anciens Arabes. Sous ce rapport, il
met *Antar* bien au dessus des *Mille et une Nuits*, où la
fiction domine sans cesse. Ce roman présente toujours le
développement d'une grande moralité : on y voit un
homme privé des avantages de la figure et de la naissance,
qui parvient cependant, par la force de l'âme, par la
puissance de l'esprit et par son indomptable courage, à
une place digne du premier rang parmi les hommes. Malgré l'immense quantité de personnages qui figurent dans
le curieux roman d'*Antar*, et le grand nombre des événements dont l'enchaînement forme le cours de cet
ouvrage, il est facile à comprendre, et jamais les
épisodes ne font oublier le sujet principal. *Antar*
est en cela supérieur au *Roland furieux* de l'Arioste.

avec lequel, d'ailleurs, il a plus d'un point de ressemblance.

« Antar combat toujours à cheval : son coursier se nomme *Abjer*. Son épée, qui vient d'Asie, c'est *Dhamy;* on surnomme Antar lui-même *Alboufauris*, père des cavaliers.

» Quand on a lu cent pages d'*Antar*, on en mêle les aventures avec celles du Cid, de Roland furieux, de Tyran-le-Blanc et d'Amacis de Gaule. On est convaincu généralement aujourd'hui que l'ouvrage d'Asmaï a dû être connu de quelques Européens vers le neuvième, dixième et onzième siècle, et que ce roman est l'arsenal où les occidentaux ont puisé tout l'appareil *de la chevalerie*. En effet, les guerriers arabes portent une espèce de visière avec laquelle ils cachent leur figure; ils s'exercent dans les tournois, se défient avant de combattre, disent ou refusent de dire leur nom. Les femmes sont, pour ces guerriers, des espèces de divinités qui influent sur toutes leurs actions ; un mot, un sourire, une plainte d'Ibla jettent la tristesse, la joie ou la fureur dans l'âme d'Antar.

» De toutes les manies chevaleresques des occidentaux, l'une des plus difficiles à expliquer, et qui, comme on sait, a été plaisamment ridiculisée dans le *Don Quichotte*, c'est celle *des chevaliers errants*. Si peu civilisée que fût l'Europe vers le treizième et le quatorzième siècle, il y avait partout des villes, un gouvernement quelconque, et les rivières et les champs n'y étaient pas si rares que l'on y mourût habituellement de soif et de faim. Il faut convenir au moins qu'à ce sujet il y a beaucoup d'exagération dans les peintures que nos romans de chevalerie ont laissées de cet état de société. Alors, on a peine à concevoir pourquoi ces chevaliers d'Europe courent comme des effarés sans savoir où, se plaignent toujours de la poussière

dans des pays où il y a de la boue neuf mois de l'année,
rencontrant sur le chemin des enfants, des veuves, des
femmes abandonnées ou ravies par des chevaliers incon-
nus, et tant d'autres événements encore moins bien
appropriés aux mœurs et au climat de l'Europe. Qu'on
lise trente pages d'*Antar*, et le type vrai, simple, naturel
de ces singes des Arabes, dits *chevaliers errants*, sera
retrouvé. Les tribus arabes sont séparées par des distan-
ces assez grandes, dans un pays dévoré par le soleil, où
l'eau et la nourriture sont rares. Les chefs de tribus sont
presque constamment en guerre entre eux, les vainqueurs
enlèvent les troupeaux, les richesses, les femmes et les
enfants. Rien de plus naturel alors qu'au milieu de ces
désordres continuels on trouve des gens, hommes et femmes, abandonnés au milieu du désert, et auxquels les
voyageurs et les guerriers portent secours. Par le moyen
de ce genre de vie, on comprend comment Antar et les
autres chefs qui figurent autour de lui, trouvent si souvent l'occasion de relever les opprimés, en parcourant
le désert, et en rôdant autour des tribus. » *(Revue française.)*

Les nuits de l'Orient ont un charme qu'on ne définit
point. Alors l'air est frais et velouté, la brise souffle avec
mystère… l'âme comprend que la voûte céleste cache
d'autres merveilles, qu'il existe un langage plus doux que
le langage des oiseaux ; que les parfums de la terre tiennent leur douceur des parfums du ciel… Oh ! qui pourrait perdre le lever du soleil, qui pourrait surtout rendre
par des paroles, par des phrases impuissantes les derniers feux dont il éclaire la cime des monts, les teintes
affaiblies qu'il jette sur les plaines immenses !… Pour se
faire une juste idée de ce majestueux spectacle, il faut
avoir salué, dans le désert, les premiers pas du géant des
cieux, la pâle lumière de la lune qui semble sortir d'une

tombe silencieuse avant d'argenter la cime des arbres, la crête des rochers, la profondeur des précipices, la surface de la mer Morte ou du Jourdain, et les sables ondulants de la vaste solitude.

Qui croirait que les exploits merveilleux de nos soldats sont encore cités sous les huttes d'Eléphantine et dans les sépulcres de Thèbes, surnommée par la Bible *la populeuse No* ; aussi le nom de France est-il plus connu aujourd'hui encore chez les Wehabites et les Abyssins, que le nom du pays qu'ils habitent. L'anecdote suivante en est une preuve entre mille :

M. Taylor, dans une de ses laborieuses marches sous le tropique, avait confié son sac de voyage à un Arabe de Karnac. Celui-ci, tout fier de son fardeau, prit subitement l'attitude d'un grenadier, et marcha au pas, en disant : *Soldat français ! soldat français ! Bonaparte !*

Ce trait si glorieux pour l'honneur de notre belle patrie, rappelle ces enfants bédouins, qui causèrent tant de suprise à M. de Châteaubriand, en proférant : *En avant, marche !*

VIII

Alexandrie rappelle la mort tragique d'un grand homme ; la querelle qui partageait l'univers, venait d'être décidée dans les plaines de Pharsale, l'an 48 avant Jésus-Christ. A la même époque, Cléopâtre que les ministres de son frère avaient chassée, ayant levé une armée dans la Syrie et dans la Palestine, s'était avancée jusqu'à Péluse, dans la résolution de faire valoir ses droits. Les deux armées étaient en présence, lorsque Pompée, monté sur un vaisseau, se présenta devant cette ville. Un nommé

Théodution, précepteur du jeune Ptolémée, conseilla de faire périr l'illustre fugitif. Les gens qui formaient la suite de Pompée, apercevant un grand mouvement dans le port, crurent d'abord que l'on faisait des préparatifs pour sa réception ; mais ils changèrent de sentiment, quand ils virent s'avancer une misérable barque de pêcheur où il n'y avait que quelques personnes. On délibéra s'il fallait s'éloigner, mais Pompée trouvant sans doute qu'il était indigne de lui de prendre la fuite, entra dans la barque qui venait d'approcher, suivi seulement d'un de ses affranchis, nommé Philippe. Septime, alors le salua *empereur*, et donna pour excuse de ce qu'on ne permettait pas à son vaisseau d'entrer dans le port, les rescifs et les bas-fonds qui, disait-il, en rendaient l'entrée difficile. Quand la barque atteignit le rivage, Cornélie, qui la suivait des yeux, à la vue de plusieurs personnes de distinction, reprit courage, croyant qu'on venait recevoir son époux pour le conduire auprès du roi; mais, au même instant, où Philippe donnait la main à l'illustre suppliant pour l'aider à sortir de la perfide embarcation, Septime lui plongea par derrière son épée dans le corps; en même temps, Achillas et ses complices lui portèrent plusieurs autres coups. Cornélie, en voyant briller le fer des assassins, poussa un cri si perçant qu'il fut entendu même du rivage. Les matelots de sa galère, remarquant que la flotte égyptienne mettait à la voile, levèrent l'ancre surle-champ, afin de préserver la veuve de Pompée et son fils Sextus du sort qui les menaçait, et gagnèrent heureusement l'île de Chypre. César n'apprit cet attentat qu'avec indignation. Irrité d'une si lâche trahison, et d'ailleurs gagné par les flatteries de Cléopâtre, il la rétablit dans la possession de ses droits, et la replaça sur le trône. Ptolémée, mécontent du partage, eut recours aux armes ; César le vainquit, et le jeune prince périt dans le combat.

« Les Musulmans n'ont pas toujours été dans l'état d'ignorance où nous les voyons aujourd'hui. Les noms de Aroun-al-Raschild et d'Al-Manoun rappellent l'époque où les sciences et les lettres, négligées ou inconnues en Europe, s'étaient réfugiées à Bagdad ; où des hommes spéciaux étaient envoyés à Constantinople pour y traduire en arabe les meilleurs ouvrages des Grecs ; où enfin, parmi les conditions des traités de paix, figurait la cession d'une certaine quantité de livres grecs.

« On a peu de renseignements sur la bibliothèque particulière des califes et sur celle des nombreux collèges qu'ils avaient fondés à Bagdad : un seul fait pourra donner l'idée de l'immensité de ces collections. Lorsque Bagdad fut prise par les Tartares, l'an 1258, ceux-ci jetèrent tous les livres dans le Tigre, et le nombre en fut si grand qu'ils formèrent une chaussée sur laquelle passaient les gens de pied et les cavaliers.

« En Egypte, en Mauritanie, en Espagne, en Syrie, à Bokhara, à Samarkand, dans toutes les contrées soumises au joug du coran, des princes rivaux ou vassaux des califes, se distinguèrent par l'amour des lettres, et fondèrent des bibliothèques et des académies. Celle des califes d'Egypte était contenue dans quarante salles de leur palais, au Caire, et l'on y comptait plus d'un *million six cent mille volumes*, parmi lesquels se trouvaient un grand nombre de manuscrits autographes. Tous ces volumes étaient remarquables par la beauté des caractères et des reliures enrichies d'or, d'argent et de pierreries. Pendant les désordres qui signalèrent une partie du règne de Moskanser, vers l'an 1080, cette bibliothèque fut dilapidée par les milices turques qui prenaient des livres en paiement de leur solde arriérée. Un jour le visir lui-même en fit transporter chez lui la charge de vingt-cinq chameaux, d'après une autorisation qui, pour cinq mille dinards (cinquante mille francs) qui lui étaient dus, lui adjugeait la valeur de cent mille dinars (un million de francs) en livres. Après le pillage de la maison de ce ministre, les esclaves prirent une partie des couvertures de ces livres précieux pour se faire des chaussures et en brûlèrent les feuillets ; les autres furent mis en pièces, furent anéantis par les flammes; disparurent dans le Nil, ou devinrent la proie des étrangers. Le reste, enfin, demeura entassé par monceaux sur lesquels les vents amassèrent une si grande quantité de sable et de terre, qu'ils formèrent plusieurs monticules qui subsistèrent longtemps près du Caire, et qu'on nommait *la colline des livres*.

» La bibliothèque particulière des califes d'Egyptes fut respectée dans cette occasion ; elle contenait plus de cent vingt mille volumes reliés, sans compter ceux qui étaient brochés. Après la destruction du califat d'Egypte, tous ces livres furent vendus par ordre de Saladin, dont les vertus privées, les qualités guerrières et le zèle religieux n'étaient pas favorables aux lettres.

» Les Arabes, maîtres de l'Espagne, y firent fleurir leur littérature et leurs arts. Les rois, depuis le califat de Cordoue, fondèrent dans leur capitale, des académies et des colléges. L'un d'entre eux Al-Haken II, surnommé Al-Moskanser, ne se borna pas à attirer à sa cour les hommes les plus célèbres de l'Orient ; il entretenait en Afrique, en Egypte, en Perse, des agents chargés d'acheter ou de faire copier, à tout prix, les manuscrits les plus précieux. Son palais était constamment ouvert aux savants et aux gens de lettres. Il y avait rassemblé une bibliothèque de six cents volumes, rangés par ordre de matières, dans différentes salles. Plusieurs furent enrichis de notes savantes de la main même du prince. Le catalogue formait seul quarante-quatre volumes in-folio.

» Tandis que l'Europe restait plongées dans les ténèbres de l'ignorance, les cours de Bagdad, du Caire, de Fez, de Cordoue étaient les foyers conservateurs des lumières. Ce fut chez les Maures d'Espagne que Gerbert, archevêque de Reims, et qui fut depuis un des papes les plus illustres, sous le nom de Sylvestre II, vint étudier la géométrie.

» Lorsque sur les ruines du califat de Cordoue, s'établirent en Espagne plusieurs dynasties, des princes moins puissants établirent des bibliothèques à Valence, à Séville, à Grenade, etc.; on en comptait, dit-on, soixante-dix dans la péninsule. Elles furent successivement pillées et détruites par les Espagnols, et leurs débris ont passé dans celle de l'Escurial.

« De toutes les bibliothèques publiques dont parlent les Orientaux, la plus considérable était celle que les princes Ammarides avaient formée à Tripoli de Syrie; elle se composait de trois millions de volumes. On y comptait cinquante mille exemplaires du coran, et vingt mille commentaires sur le code religieux, civil et politique des Musulmans. Elle était annexée à une académie, la plus florissante qu'il y eût dans l'univers. Cent copistes y jouissaient d'un traitement annuel, et il y en avait trente qui ne quittaient cet édifice ni le jour ni la nuit ; d'autres hommes étaient spécialement chargés d'acheter, en diverses contrées, les ouvrages les meilleurs et les plus rares. Sous le gouvernement des Ammarides, Tripoli était devenu le rendez-vous des savants de tous les pays. Lorsque cette ville tomba au pouvoir de Bertrand, comte de Saint-Gilles, l'un des chefs croisés (1109), les vainqueurs demeurèrent stupéfaits à la vue des livres que renfermait la bibliothèque. Une personne, qui se trouvait dans la salle du coran, ayant pris successivement plusieur volumes, et reconnaissant toujours le même ouvrage, affirma que cet édifice ne contenait que des livres du coran : cette déclaration fut l'arrêt de la bibliothèque, les chrétiens la réduisirent en cendres ; le peu de livres qui échappèrent à l'incendie furent dispersés en différents pays.

» Ispaham, Schiraz doivent avoir eu aussi des bibliothèques fort nombreuses, si l'on en juge par celle du savant Aboul-Cacein-Ismael-Saheb-Ibu-Abad, la plus considérable qu'ait jamais possédée un particulier, si l'on en excepte celle de M. Boulard.

» On peut se faire une idée de la richesse de la bibliothèque impériale de Deldy, d'après la beauté d'un ouvrage qui en faisait partie lors de la révolution qui a consommé la ruine de l'empire mogol : c'est l'exemplaire autographe de l'*Ayyn Akherg*, composé et copié par l'empereur Akbar. Cet exemplaire, sur papier sablé d'or et orné de portraits et de vignettes, a été vendu seize mille deux cents francs à la vente de la bibliothèque de Langlès, en 1825.

» Les Turcs, Ottomans ou Osmanlis, Tartares d'origine et moins portés vers l'étude des sciences et des lettres que les Arabes et les Persans, n'ont jamais formé d'aussi vastes dépôts de livres. La bibliothèque du sérail, à Constantinople, fondée par le sultan Ahmed III, en 1719, et augmentée par ses successeurs, peut contenir au moins quinze mille volumes, et s'accroît continuellement par suite des confiscations. Il y a, en outre, à

Constantinople, douze académies et non moins de bibliothèques, placées dans des édifices élégants, mais elles ne contiennent qu'environ deux mille manuscrits chacune.

» Qui croirait aujourd'hui que Fez et Maroc ont été, dans le moyen-âge, des villes célèbres par leurs académies et par leurs bibliothèques? Maintenant, elles offrent les mêmes traces d'ignorance et de barbarie que les tribus maures qui errent sur la côte et dans l'intérieur de l'Afrique. » (*Magasin universel.*)

On sait qu'Osymandias, l'un des plus anciens rois d'Egypte, rassembla la première bibliothèque dont l'histoire fasse mention. Elle avait pour inscription : *Trésor des remèdes de l'âme.*

On sait encore que César, n'ayant pas assez de troupes pour résister aux Alexandrins, qui s'étaient révoltés pour la troisième fois, fit mettre le feu à la flotte égyptienne et s'empara de la tour du Phare, où il établit une bonne garnison. Ce fut dans cet incendie, que les flammes qui avaient gagné quelques maisons voisines du quai, se répandirent dans le quartier où se trouvait la bibliothèque de *Bruchion.* Cependant le *Serapeum* échappa à ce désastre. Il fut ensuite considérablement augmenté par Cléopâtre, qui en fit le dépôt de deux cent mille volumes, tirés de la bibliothèque de Pergame, dont Antoine lui avait fait présent. Il s'accrut tellement par de nouvelles acquisitions, qu'il devint plus riche que l'ancienne collection, et demeura sans égal, au milieu des vicissitudes de la fortune de Rome.

Sept siècles plus tard, cette seconde et fameuse bibliothèque d'Alexandrie fut, sous les ordres d'Omar, condamnée à une destruction générale. Tout le monde connaît la lettre de ce farouche Sarrazin à son lieutenant :

« Livrez la bibliothèque aux flammes; si les volumes qui la composent ne contiennent que les sublimes vérités du coran, ils sont inutiles; s'ils renferment d'autres doctrines, ils sont dangereux. »

Amron se conforma fidèlement aux instructions de son fanatique souverain. A cette époque, Jean, le grammairien, se trouvait dans Alexandrie; après s'être insinué dans les bonnes grâces d'Amron, il hâta, sans le vouloir, la ruine de ce dépôt sacré de la sagesse de tant de siècles. En effet, il demanda un jour à son protecteur les livres philosophiques de la bibliothèque. Cet immense réservoir qui entretenait la lumière, cette source inépuisable de la science et de la civilisation, était la seule chose à laquelle les Arabes n'avaient fait aucune attention. « Vous avez pris, dit le grammairien, un état de toutes les richesses que renferme cette ville ; il y a quelques articles que vous avez négligés, parce qu'ils vous ont paru et qu'ils vous sont en effet inutiles; mais ils ne le seraient point pour moi, et vous ne devez pas être étonné de me voir attacher un prix à des choses qui n'en ont point à vos yeux.

— Quels sont donc ces objets? demanda Amron.

— Les livres conservés dans la Bibliothèque lui répondit le grammairien. »

Amron réfléchit un moment : « Si cela dépendait de moi, lui dit-il ensuite, je ne te la refuserais pas ; mais tout ce que j'ai conquis appartient au calife; seul il en peut disposer. Je vais lui écrire ; s'il m'en laisse le maître, ils sont à toi. »

D'après la réponse que je viens de citer, cette immense quantité d'ouvrages si précieux furent anéantis pour jamais. Ils furent distribués aux bains d'Alexandrie, qui, pendant six mois, ne furent point chauffés avec d'autre matières combustible.

Le même Amron, aussitôt après la prise d'Alexandrie, avait adressé cette lettre au calife :

« Je ne vous décrirai point la ville que je viens de conquérir; l'énumération de ce qu'elle contient de précieux serait trop longue ; et vos troupes victorieuses, impatientes d'ajouter à leur gloire, me pressent de marcher. Sachez seulement que j'ai trouvé quatre mille palais, quatre mille bains, quarante mille Juifs qui payent tribut, quatre cents cirques royaux ou places pour les divertissements publics, et douze mille jardins potagers qui fournissent abondamment la ville de toutes sortes de légumes. »

Alexandrie est la patrie d'Euclide, d'Origène et de Didyme. Saint Marc vint y prêcher l'Evangile, et en fut le premier évêque.

On sait que chez les Egyptiens, Osiris était le soleil d'été, et Séraphis le soleil d'hiver. Le plus beau temple de ce dernier était dans la ville d'Alexandrie. sur une terrasse, à la hauteur de plus de cent degrés ; ce monument, bâti de marbre, et soutenus par des colonnes précieuses, excitait l'admiration par sa grandeur et sa magnificence. L'idole était si colossale, que, ses deux bras étendus, elle touchait aux murailles de chaque côté. Elle avait la figure d'un homme, avec de la barbe et de longs cheveux. La matière était mêlée et composée de divers métaux et de pierres très-rares. Le temple avait une très petite fenêtre placée de manière que les rayons du soleil, en y pénétrant, donnaient sur la bouche de la statue, précisément le jour où l'on avait coutume d'apporter l'idole du soleil visiter Séraphis, en sorte que l'astre du jour paraissait le saluer par un baiser à la vue de toute la multitude. Ce temple et cette idole était comme le centre et le rempart de l'idolâtrie dans toute l'Egypte. Les païens avaient répandu une opinion parmi le peuple, que si la main d'un homme touchait le doigt de Séraphis, la terre tremblerait sur ses fondements et s'abîmerait aussitôt, le ciel tomberait et l'univers serait plongé dans son ancien chaos. Malgré cette prédiction ridicule, l'empereur Théodose, vers l'an 390 après Jésus-Christ, ayant appris que les païens d'Alexandrie s'étaient révoltés, résolut de détruire l'idole et son culte stupide. Un soldat, donc, par ordre de l'évêque Théophile, prit une cognée et l'enfonça de toute sa force dans la mâchoire du monstrueux Séraphis.

Le peuple, frappé d'épouvante, poussa des cris affreux. Le soldat redoubla ses coups sur le genoux de l'idole : elle tomba et fut mise en pièces. Comme on abattait la tête, il en sortit une grande quantité de rats. On traîna par toute la ville les membres dispersés de l'idole ; on les jeta dans le feu ; le tronc fut brûlé dans l'amphithéâtre : ainsi finit Séraphis, en présence de ces adorateurs, qui s'en moquèrent eux-mêmes.

L'obélisque de Cléopâtre est encore debout : c'est le plus grand et le plus majestueux que l'on connaisse. Tout à côté, nous vîmes les débris d'un autre obélisque de la même forme : ce qui fait supposer qu'ils ont appartenu à un vaste édifice. Quelques personnes prétendent qu'ils faisaient partie du palais des Ptolémées. On ne trouve aucune pierre dans la Basse-Egypte qui ressemble à celle de ces obélisques, et l'on pense qu'ils ont été apportés de fort loin. Je remarquai, dans ces hiéroglyphes, que le signe du scarabée, figurant l'immortalité chez les anciens, était gravé du côté de l'ouest ; présage singulier de la grandeur de l'Occident.

Nous examinâmes aussi la colonne dite de Pompée : c'est un monument très curieux et très ancien. Cette colonne à cent quatorze pied de hauteur, son fût, qui est d'une seule pièce, en a quatre-vingt-neuf, et son diamètre est de quinze pieds. Il est assez bien conservé. Son beau poli s'est maintenu partout, à l'exception de deux ou 'trois endroits où la surface a été tailladé par une décharge de canon, du côté qui fait face à la mer. Il a été aussi légèrement endommagé du côté opposé par des échaffaudages qu'on y a appliqués. Mais le piédestal est fort dégradé : On accuse les Arabes de l'avoir mis dans cet état. Ils espéraient sans doute y trouver quelque trésor.

Savary prétend que cette colonne, bien antérieure à Pompée, n'a point été érigée en l'honneur du malheureux compétiteur de César : il se fonde sur ce que ni Strabon, ni Diodore ne font mention de cette circonstance. Il cite en outre l'autorité d'Albuféda, écrivain arabe, comme preuve que l'inscription regarde l'empereur Sévère.

Volney partage cette opinion. M. Jaubert, pour découvrir le sens de la légende grecque, dont les caractères illisibles sont joints confusément comme les anciennes inscriptions, a séparé les lettres en mots distincts.

M. d'Ansc de Villoison, à force de recherches et d'interprétations ingénieuses, est parvenu, en se basant sur une inscription grecque, découverte dans la vallée de Thymbra, près de la plaine de Bounrrbachi, à démontrer, sans réplique, que la légende de la colonne d'Alexandrie concerne Dioclétien.

Bonaparte avait donné ordre d'inscrire sur ce mystérieux monument les noms de tous les braves qui avaient péri à la bataille d'Alexandrie : leurs restes devaient aussi être enterrés sous la base. Mais, obligé de suivre la marche, de plus en plus rapide, des événements, le héros ne put réaliser ce glorieux projet.

Environ à vingt verges au-dessous du môle sur lequel s'élève la colonne, on aperçoit les ruines de l'hippodrome.

Le phare construit par l'architecte Sostrate, sous le règne de Ptolémée-Philadelphe, et qui coûta plus de huit cents talents, est un château massif qu'on appelle *Pharillon*. La ville moderne est bâtie sur la langue de terre étroite qui unit le phare avec le continent. D'après Homère, cette petite île était autrefois à la même distance de la côte qu'un vaisseau le serait de la terre ferme, s'il voulait y arriver en un jour avec le vent le plus favorable (*Odyss.*, VI, v. 354).

Ainsi la terre a conquis sur la mer une étendue d'environ vingt lieues ; à moins, ce qui est assez probable, que le lac Maréotis ne se jetât dans la Méditerranée, à l'époque de la guerre de Troie. On peut dire que la moderne Alexandrie n'a hérité que du nom de l'ancienne.

Le quartier franc présente toutes les ressources d'une ville européenne : il y a des bals, des promenades au jardin des ministres du vice-roi ; il y a des soirées de famille ; des théâtres de société et des cavalcades.

Le palais de Méhémet-Ali s'élève à l'extrémité de la ville. Mon père aurait bien désiré être présenté au pacha souverain ; mais le consul de France était absent depuis quelques jours : nous attendîmes qu'il fût revenu du Caire.

M. Deguette nous raconta, pendant cet intervalle, comment Ibrahim, après six mois de siége, était entré dans Saint-Jean-d'Acre. Les Français se réjouirent de cette victoire. comme s'il eût été question de Wagram ou de Marengo.

Abdallah s'était défendu jusqu'au dernier moment : il ne se rendit qu'à la voix d'Ibrahim qui lui laissa le choix de sa retraite. Certain d'être étranglé à Constantinople, il opta pour le Caire.

Cet homme, au regard âpre et sauvage, après avoir donné des preuves de courage pendant le siége perdit contenance quand il vit approcher le caïque du vice-roi. Introduit dans la salle du divan, il se prosterna, la face contre terre, aux pieds du puissant pacha : celui-ci rassura son prisonnier, lui dit qu'il avait agi en brave, et qu'il n'y avait plus d'ennemis après la victoire. Il l'appela son fils, lui laissa son harem, lui promit un palais au Caire et deux cent mille francs de rente. Abdallah ne fut plus maître de sa joie, et, depuis, affirma que sa gloire n'était rien en comparaison de celle de Méhémet-Ali, qui avait su pardonner.

Le sublime pacha ne s'était pas auparavant montré si miséricordieux : on dit que de tristes nouvelles s'étant tout à coup répandues au Caire, touchant les affaires de Syrie, quelques-uns des politiques payèrent de leur vie leur imprudent bavardage. Un marchand, entre autres, ayant trouvé sa porte fermée, essaya, mais en vain, de l'ouvrir ; impatienté, il l'enfonça en s'écriant : *Par Mahomet, tu n'est pas aussi dure que la porte de Saint-Jean-d'Acre !*

Méhémet Ali, informé de ce sarcasme, fit pendre aussitôt le raya satirique.

Il y a vingt et quelques années, les magistrats turcs, armés d'un pouvoir arbitraire, exerçaient leur autorité avec un caprice barbare qu'on ne pourra jamais croire : au Caire, un officier de police remarqua, un matin, une femme portant un gros morceau de fromage, et lui demanda où elle l'avait acheté, celle-ci ignorant le nom du marchand, le conduisit à la boutique. Le magistrat, soupçonnant qu'il y avait défaut de poids, plaça le morceau sur les balances... Par malheur, il y avait contravention. L'inflexible homme de loi ordonna sur-le-champ au délinquant, sur la partie la plus charnue de son corps, un morceau qui pût parfaire la mesure. L'ordre fut exécuté aussitôt, et le patient blessé mortellement.

Méhémet-Ali, malgré ses grandes qualités, est loin d'avoir, comme on vient de le lire, la modération d'Aziz Billah ; cependant ce prince régnait en 975.

Il parut un jour une satire violente contre son premier visir et son secrétaire d'Etat ; lui-même n'était pas épargné dans le pamphlet. Après en avoir pris lecture, il se contenta d'en rire. Ses ministres voulurent l'engager à faire des recherches de l'auteur, pour le punir

avec une sévérité exemplaire. « Pourquoi me donne-
rais-je cette peine? leur dit Aziz. Les reproches qu'on
me fait sont-ils bien fondés? alors je dois me corriger :
sont-ils l'œuvre de la calomnie? dans ce dernier cas, je
ne puis que les mépriser. »

Les ministres ne furent pas de cet avis ; ils avaient
sans doute, de bonnes raisons pour multiplier des recherches secrètes qui leur réussirent. En effet, le poète
fut découvert, arrêté et chargé de fers. On avait même
saisi dans ses papiers une nouvelle satire. Les ministres
n'osèrent pas le punir, mais ils crurent que le second
pamphlet exciterait l'indignation du patient calife. Le
poète fut donc traîné devant Aziz, qui prit la pièce de
vers et la lut. « Comme j'ai pris part à l'injure, leur
dit-il ensuite, prenez part avec moi, au mérite du pardon. »

A ces paroles pleine de clémence, le poète tomba aux
pieds du calife dont, depuis, il ne cessa de faire l'éloge.

Je ne puis m'empêcher de raconter. peut-être hors de
propos, une histoire ou une fable qui ne manque ni d'intérêt, ni de moraiité.

Pendant que l'Egypte était sous la domination ottomane,
vers l'an 1370, on dit qu'un descendant de ses anciens
souverains s'était réfugié dans un petit canton, situé près
de cette longue chaîne de montagnes qui sépare cette contrée de la mer Rouge. Les Turcs n'auraient point songé
à l'inquiéter, sans le désir qu'ils eurent de posséder les
émeraudes dont parle Strabon, et qui passaient pour les

plus belles du monde. Mais ces mines précieuses sont sans doute épuisées, car on en a perdu jusqu'aux vestiges. Les Arabes et les Turcs les cherchent encore, et trouvent quelquefois, dans ces montagnes, du cristal, très rarement des pierres précieuses, quoique en petite quantité, des émeraudes qui ne sont ni transparentes, ni d'un vert foncé comme celles d'autrefois.

Ecoutez maintenant Maillet, qu'on accuse de fabriquer des contes historiques.

« Muley-Hasscim, retiré dans les montagnes où l'on recueillait ces émeraudes, gouvernait paisiblement le petit nombre de sujets qu'il avait trouvés parmi les habitants de ces lieux arides, et se consolait au sein de sa famille, de la médiocrité de sa nouvelle situation. Le pacha d'Egypte, qui voulait posséder la mine des émeraudes, vint l'attaquer dans son asile. Le prince détrôné se défendit quelque temps avec un courage héroïque ; mais à la fin, enveloppé par des troupes supérieures, il ne voulut pas tomber vivant au pouvoir du vainqueur, ni qu'il jouît du trésor qu'il convoitait. Muley-Hasscim avait six amis fidèles qui, seuls avec lui, connaissaient l'endroit où se trouvaient les émeraudes. Il instruisit ses confidents des desseins du pacha, et les engagea, pour tromper l'avide espoir de ce dernier, à se donner volontairement la mort. Ceux-ci ne firent aucune objection, et se frappèrent chacun d'un coup de poignard, sous les yeux de leur maître. Muley-Hasscim passa ensuite dans l'appartement de sa femme, pour laquelle il craignait la violence et la brutalité des Turcs; il lui fit la même proposition. Cette princesse, instruite de la cause de l'événement tragique qui venait d'avoir lieu, luttait déjà contre une cruelle agonie; un poison vif et prompt circulait dans ses veines. Son malheureux époux ne put recevoir que ses derniers embrassements et ses derniers adieux.

» Le roi n'ayant plus d'inquiétude sur le sort de sa vertueuse compagne et sur le secret de la mine d'émeraudes, reprit les armes : il sut, par une mort glorieuse, éviter les fers et les tortures de son ennemi, dont la vengeance et l'avarice furent également punies. »

» Sous quelque rapport, dit Volney, qu'on envisage l'Egypte, un autre pays ne peut soutenir le parallèle. Son sol est le plus fécond de la terre, le plus facile à cultiver, le plus certain de ses récoltes ; l'abondance n'y dépend pas, comme en Morée et dans l'île de Candie, des pluies sujettes à manquer. L'air n'y est pas malsain comme en Chypre, et la dépopulation n'y règne pas comme dans ces trois contrées. L'Egypte, par son étendue, est égale au cinquième de la France ; et, par la richesse de son sol, elle peut l'égaler; elle réunit toutes les productions de l'Europe et de l'Asie, le blé, le riz, le coton, l'indigo, le sucre, etc. »

IX

Le 2 novembre 1831, le fils de Méhémet-Ali, à la tête
d'une armée de vingt-cinq à trente mille hommes, partit
des bords du Nil, et vint mettre le siége devant Saint-
Jean-d'Acre, l'antique Ptolémaïs. Une escadre, composée
de cinq vaisseaux de ligne, de sept frégates et de plusieurs
corvettes, sortit en même temps du port d'Alexandrie,
et fit voile vers les côtes de la Phénicie. Abdallah était
alors pacha de Saint-Jean-d'Acre. Des milliers de fellahs
de la vallée du Nil étaient venus chercher un refuge dans
les pays de Syrie : tel fut le prétexte de cette guerre d'in-

vasion. Le vice-roi redemandait ses paysans au visir de Ptolémaïs, qui lui répondit, avec assez de raison, que les fellahs égyptiens étaient les sujets de l'empereur de Stamboul, comme les habitants de la Syrie, et qu'il n'avait pas le droit d'interdire aux émigrés égyptiens le séjour dans son pachalick, sans une autorisation de la Sublime-Porte. Le vice-roi réclama auprès du sultan, qui lui fit écrire que les fellahs des bords du Nil étaient les sujets de l'empire, et non les esclaves de son vassal, et que toutes les contrées du vaste Orient leur étaient ouvertes. Ibrahim-Pacha, pour légitimer son invasion, déclara qu'il venait, au nom de son sublime maître, *châtier le rebelle Abdallah*.

Il y avait deux mois que Saint-Jean-d'Acre était assiégée, lorsque le sultan expédia au pacha d'Egypte l'ordre d'en faire lever le siége. L'envoyé de la Porte, sous prétexte d'un bruit de peste à Stamboul, fut consigné trente jours au lazaret d'Alexandrie. Pendant ce temps, Méhémet-Ali envoyait des renforts à son fils, et l'engageait vivement à presser le siége de Ptolémaïs. D'un autre côté, le pacha faisait proclamer, dans toute l'Arabie, une espèce de bulle qui dénonçait le sultan de Stamboul comme un ennemi de la foi, comme un servile imitateur des Giaours, et comme un monarque indigne d'occuper le trône d'Osman et des Califes.

Ibrahim, qui est un soldat d'une bravoure éprouvée, ne se montra pas habile dans le siége de Saint-Jean-d'Acre : la place n'était défendue que par une poignée d'Albanais, cependant, elle ne se rendit qu'au bout de six mois. Les journées de Homs, de Beylan et de Koniah, qui suffirent à la destruction de l'armée ottomane, composée de soixante mille hommes, ne furent que des retraites ; il n'y avait, dans les troupes du sultan, ni bonne organisation, ni chefs capables. Mahmoud avait vu périr, dans sa dernière campagne contre les Russes, la plus grande partie de ses troupes régulières ; il s'occupait péniblement de réparer ses pertes au moment où Ibrahim parut en Syrie.

Après le traité de Kutayé, qui accordait à Méhémet-Ali le gouvernement de la Syrie, à titre de redevance envers le sultan, Ibrahim-Pacha désarma complétement les montagnards du Liban et les populations des villes de Syrie. Il occupa militairement cette contrée, et la soumit au monopole, qui, depuis tant d'années, pèse sur l'Egypte : aussi ces vaillantes peuplades, bien différentes des fellahs égyptiens, s'agitèrent-elles. La Galilée, la Samarie, et la Judée se levèrent au mois de mai 1834 : les habitants avaient été réduits au désespoir par la conscription qui leur prenait tous les jeunes gens en état de porter les armes. Les paysans de la Palestine, conduit par le cheik Kasim-Akmet de Naplouse, partent pour Jérusalem, pénètrent dans la ville, surprennent, accablent la garnison composée de huit cents hommes, dont les débris se retirent dans la citadelle, ou tour de David. Au bruit de cet événement, Ibrahim, à la tête de trois régiments, accourt et s'établit dans la ville. Alors, de tous les points de la

Palestine, les paysans arrivent sur les chemins de Jérusalem ; quarante mille hommes armés assiégent Ibrahim, et prononcent contre lui des menaces de mort. La peste éclate à Jérusalem ; la ville sainte éprouve en même temps un tremblement de terre, qui augmente la consternation. Sur ces entrefaites, le dix-neuvième régiment de ligne, que commandait le colonel Mustapha-Bey, fut massacré dans les gorges qui bornent, à l'ouest, la magnifique plaine d'Esdrelon. Méhémet-Ali, après avoir débarqué à Jaffa avec quinze mille hommes, s'empressa de délivrer le fameux Aboughos, qu'il retenait depuis plusieurs mois dans les galères de Saint-Jean-d'Acre ; une pelisse d'honneur remplaça les chaînes... Aboughos avait beaucoup d'influence sur les montagnards. Le grand cheik Kasim-Akmet reçut une députation qui le pria de lever le siége de Jérusalem, en lui annonçant que le vice-roi acceptait toutes ses conditions, qui furent formulées ainsi : Plus de conscription, éloignement des troupes égyptiennes, impunité des excès commis par les montagnards pendant l'insurrection, plus de monopole, plus de *ferdé* (réduction des impôts au même chiffre que sous Abdallah-Pacha)... Méhémet-Ali souscrivit à tout. Le cheik, après avoir obtenu la parole d'Ibrahim lui-même, le conduisit, sain et sauf, à Jaffa. La Palestine rentra dans le repos ; mais, au moment où nul fellah ne songeait à ses armes, tout-à-coup Ibrahim, sans respect pour son serment et pour le serment paternel, fondit sur la Palestine, à la tête de seize mille hommes, et mit tout à feu et à sang. Les villes de Naplouse et d'Hébron, qui opposèrent quelque résistance, furent bombardées, et une grande partie des habitants massacrés par les Albanais. Le généreux cheik Kasim-Akmet fut décapité à Damas avec ses quatre fils ; plusieurs autres cheiks de Galilée, de Judée et de Samarie, payèrent également de leur tête leur trop facile confiance dans la parole d'Ibrahim et de son père.

Dans le mois d'octobre de la même année (1834), la Syrie s'insurgea de nouveau sur plusieurs points. Le fils du vice-roi somma l'émir Beschir de combattre avec lui les Mutualis. Cette intervention décida la victoire en faveur des Egyptiens. Le nom de Beschir, ce vieux despote ou prince de la Montagne, qui, pour mieux déguiser ses croyances religieuses, avait fait construire, dans son bâteau d'Ebteddin, des églises et des mosquées, rappelle une héroïne : la nièce de Pitt, la noble fille de lord Chatam, la célèbre Hester Stanhope, la sultane de Palmyre, l'ancienne idole du désert, habitait près d'un village nommé Djoun. Sa demeure se transforma en hospice pour les malades et les soldats blessés en défendant Saint-Jean-d'Acre. Quand toutes ses ressources furent épuisées, elle écrivit à Ibrahim, pour lui demander de venir au secours des Syriens réfugiés chez elle : au lieu d'écouter la prière de la noble anglaise, Ibrahim osa lui demander l'extradition des soldats d'Abdallah-Pacha, Milady lui fit répondre : « Avant d'attenter à la vie des malheureux que j'ai abrités sous mon toit, il faudra m'assassiner moi-même.

Au mois de juin, 1838, un régiment égyptien s'était porté dans le Haouran, pour forcer les Bédouins à payer les contributions établies par Méhémet-Ali. Une nuit, les Druses, les Anèses et les chrétiens, surprirent, sous leurs tentes, un colonel, un général de division, et les égorgèrent : tout le régiment fut mis en déroute. Ibrahim-Pacha dirigea neuf mille hommes dans le Haouran. Le 11 février 1838, seize mille Bédouins et un grand nombre de Druses taillèrent en pièces, dans une des vallées de Ledja, trois mille égyptiens ; enlevèrent deux pièces de canon et tout le bagage de l'armée. Chebil-el-Arian, simple cultivateur, était digne de commander à des hommes tels que les Anèzes et les Druses.

A quelques lieues au sud de Damas, les insurgés mirent hors de combat un régiment égyptien. Ibrahim, malgré des souffrances assez graves, partit d'Antioche, et vint, par sa présence, ranimer le courage de ses soldats. Le 15 juillet, les révoltés éprouvèrent des pertes considérables; mais le général égyptien comprit qu'il fallait recourir à la ruse pour dompter les habitants désespérés du Haouran : il envoya donc seize mille fusils à l'émir Beschir, pour armer les braves Maronites, ennemis des Druses du Haouran. Le perfide négociateur promet au nom de Méhémet-Ali, de diminuer les impôts et d'abolir les corvées. Aussitôt seize mille Maronites et quelques Druses de la Montagne viennent renforcer l'armée égyptienne. Ibrahim se dirigea sur la ville de Balbek et poursuivit sa marche à travers l'Anti-Liban, au nord de Damas, et plaça ses guerriers sur les hauteurs. Les rebelles osèrent les attaquer, et les repoussèrent dans la plaine ; mais, après deux heures du combat le plus acharné, les Egyptiens crièrent victoire.

Il ne restait plus à Abrahim que le chef suprême des révoltés à vaincre et à dompter. Chebil-el-Aran combattait encore à la tête d'une petite troupe de Druses : convaincu qu'il ne pouvait résister, il envoya au général égyptien un messager, avec ordre de lui offrir sa reddition, pourvu qu'il eût avec sa troupe la vie sauve, qu'on respectât leurs biens, qu'on ne payât pas plus d'impôts que sous le sultan, et surtout, qu'on ne prît jamais chez les Druses des hommes pour l'armée du vice-roi. Au moment même où le député partait pour le camp égyptien, Ibrahim faisait publier qu'il donnerait mille bourses (125,000 fr.) à celui qui lui livrerait Chebil-el-Aran ; mais qu'il ferait couper la tête à celui qui lui porterait celle du vaillant Chebil.

Ibrahim répondit au messager qu'il fallait que dans neuf heures son chef fût sous sa tente, s'il voulait obtenir sa grâce. Le député ne trouva plus Chebil au lieu où il l'avait laissé : dans la crainte d'une surprise, ce dernier avait conduit plus loin sa troupe. Le messager n'atteignit son chef que quatorze heures après avoir quitté Ibrahim: il avait parcouru, sur sa jument, sans s'arrêter, quarante lieues dans les montagnes. Il transmit à Chebil la réponse du pacha, en lui faisant observer que le temps prescrit était malheureusement passé.

« Tant pis, dit Chebil, mon pays souffre ! les vengeances d'Ibrahim sont terribles ! ce général égyptien sera généreux, je vais à lui. »

Et il se mit en route. Arrivé au camp de ses ennemis, il fut reçu avec respect et bienveillance. On le conduisit à la porte de la tente d'Ibrahim : avant d'y entrer, il mit pied à terre, déposa ses armes, et se fit transporter par deux hommes de sa suite : car il ne pouvait marcher à cause de ses blessures.

Ibrahim, le voyant entrer, lui reprocha de s'être présenté devant lui sans armes, puisqu'il n'était pas vaincu. Le prince l'invita à les reprendre. Rentré dans la tente, Chebil déposa son sabre aux pieds du général, qui le ramassa, et le suspendit au baudrier du chef intrépide.

Ibrahim lui donna de grands éloges sur sa bravoure : « Si j'avais sous mes ordres deux hommes comme toi, lui dit-il, aucune armée ne me paraîtrait redoutable. Combien de soldats égyptiens, continua Ibrahim en souriant, as-tu tués de ta propre main ? »

Chebil se contenta de répondre qu'il avait fait ce que Dieu lui avait permi de faire : mais, sur de nouvelles instances, il répondit : « Le sabre que votre altesse vient de suspendre à mon baudrier a bu le sang de vingt-sept Egyptiens ; le nombre de ceux que les balles de mes pistolets ont atteints et renversés m'est inconnu. »

Le lendemain, Chebil quitta le camp égyptien, après

avoir promis à Ibrahim d'employer tout son crédit dans le Haouran pour achever la pacification.

J'arrive à la grande insurrection du mont Liban, qui, en 1840, a amené la signature du fameux traité de Londres du 15 juillet de la même année. Par suite des impôts, la misère était à son comble. Depuis longtemps les Maronites s'attendaient à être poussés à bout : ils firent alliance avec les Druses, leurs ennemis en religion. La chaire évangélique retentit d'exhortations courageuses. Une proclamation fut adressée à tous les insurgés de Syrie.

Dans les premiers jours de juin, deux mille montagnards étaient campés devant Béyrouth. Ils attaquèrent vainement cette ville garnie de troupes égyptiennes. Tous les villages de l'Anti-Liban se soulevèrent en même temps. L'émir Beschir expédia aux insurgés son fils, l'émir Emin, pour les engager à se retirer dans leurs foyers : cette démarche fut inutile.

Deux frégates égyptiennes bombardèrent, pendant toute une journée, les villages de Glonni et de Gloubel.

Le 6 juin 1840, Ibrahim-Pacha adressa un firman aux habitants du Liban.

Les adroites insinuations de Beschir, appuyées de sommes considérables, éloignèrent les Druses armés des rangs des insurgés. Une vive consternation se répandit parmi les Maronites. Ils s'empressèrent de faire parvenir cette affreuse nouvelle aux insurgés, leurs frères, campés du côté de Tripoli et de Zaclé. Mais l'émir Beschir dépêcha un agent aux généraux égyptiens, pour les prévenir que le moment était venu d'entrer dans le Liban. Seize mille hommes, Albanais ou Egyptiens, y mirent tout à feu et à sang. Deux cents Albanais, après ces horribles excès, pénétrèrent dans le couvent de Saint-Roch, et volèrent les vases sacrés. Les moines désespérés, voulurent s'opposer à ce sacrilége : ils furent massacrés. Ces scènes affreuses se renouvelèrent dans plusieurs églises de la Montagne. Les Albanais envoyèrent les vases sacrés et les ornements sacerdotaux à Beyrouth, pour y être vendus à l'encan : notre honorable consul, M. Bourrée, s'empressa de les acheter, afin d'empêcher de nouvelles profanations.

Les Maronites, d'abord écrasés par Soliman-Pacha et par l'émir Beschir, quelques mois plus tard, appuyés par les alliés de la Porte, ont, à leur tour, dispersé les troupes de Méhémet-Ali. Le tiran de la Montagne abandonna le Liban quand il vit la Syrie perdue pour le vice-roi. Les Maronites et les Druses ne s'élevaient pas moins contre le pacha de l'Egypte. Beschir se réfugia sur un navire anglais : il n'était plus en sûreté dans cette Montagne qu'il avait tant opprimée.

Anglais, Turcs, Autrichiens, arrivent avec sept mille hommes, bombardent Beyrouth, s'emparent successivement de tous les points de la côte de Syrie, voisins de Saint-Jean-d'Acre. Cette dernière ville aussi tombe en leur pouvoir : trois ou quatre mille soldats y périssent. Ibrahim est refoulé vers Damas avec son armée. Des négociations s'entament avec la quadruple alliance, la Porte et Méhémet-Ali. Ibrahim se retire en Egypte avec son armée : il évacue complétement la Syrie. La flotte, que la trahison avait livrée à Méhémet-Ali, sort du port d'Alexandrie, pour être rendue à l'empereur de Stamboul. Les Anglais rebâtissent les remparts de Saint-Jean-d'Acre, que leurs bombes avaient démolis.

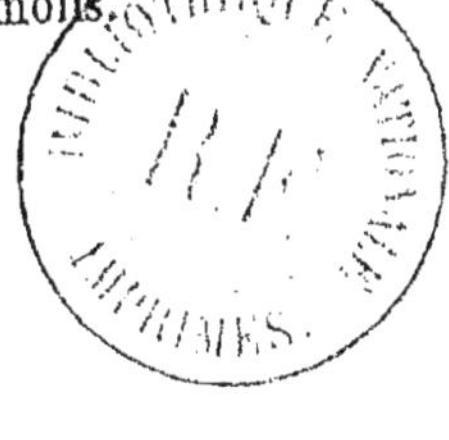

FIN.

TABLE.

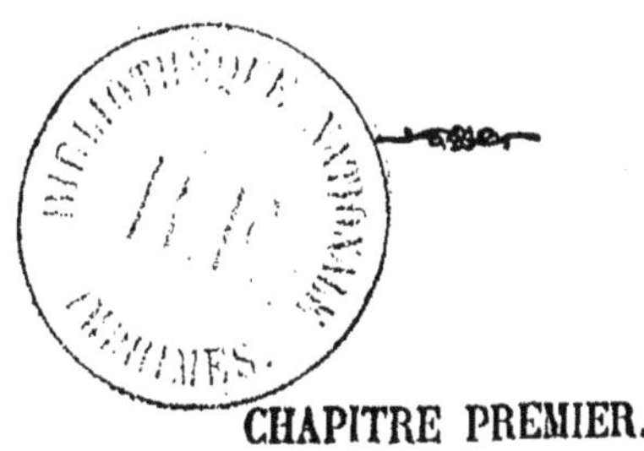

CHAPITRE PREMIER.

CHAPITRE II.

CHAPITRE III.

CHAPITRE IV.

CHAPITRE V.

CHAPITRE VI.

CHAPITRE VII.

CHAPITRE VIII.

CHAPITRE IX.

FIN DE LA TABLE.

Limoges. — Typ. F. F. Ardant frères.

9 782019 913151